DANTE-GABRIEL ROSSETTI

LA MAISON DE VIE

SONNETS TRADUITS LITTÉRALEMENT ET LITTÉRAIREMENT

PAR

CLEMENCE COUVE

Introduction de
JOSEPHIN PELADAN

PARIS
ALPHONSE LEMERRE, ÉDITEUR
27-31, PASSAGE CHOISEUL, 27-31

M DCCC LXXXVII

LA
MAISON DE VIE

IL A ÉTÉ TIRÉ :

7 exemplaires sur japon impérial (1 à 7)
7 — sur chine (8 à 14)
10 — sur whatman (15 à 25) avec double épreuve du portrait de G. Rossetti avant la lettre ;
20 — sur hollande Van Gelder avec épreuve du portrait avant la lettre.

Gabriel Rossetti

DANTE-GABRIEL ROSSETTI

LA
MAISON DE VIE

SONNETS TRADUITS LITTÉRALEMENT ET LITTÉRAIREMENT

PAR

CLEMENCE COUVE

Introduction de
JOSEPHIN PELADAN

TROISIÈME ÉDITION

PARIS
ALPHONSE LEMERRE, ÉDITEUR
27-31, PASSAGE CHOISEUL, 27-31

M DCCC LXXXVII

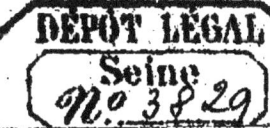

INTRODUCTION

INTRODUCTION

Je l'avais rencontrée au bal; à ce moment las, où l'observateur, sa hottée faite de documents humains, triste de clairvoyance, et devenu incurieux devant la perpétuelle banalité des laideurs morales, cherche un être qui le réconcilie avec l'espèce.

Ma mélancolie de la forêt des Ardennes échangea une révérence avec sa rêverie de la forêt d'Athènes; et le nom de Platon que je prononçai acheva de nous isoler moralement.

N'y a-t-il pas un dandysme tout féminin à montrer son esprit dans une salonée, où on ne met à l'air que ses épaules? Et des figures de cotillon venant rompre de transcendantales spéculations, ne donnent-elles pas aux devis les plus archaïques, un singulier accent de modernité?

J'abusai, je crois, de cette rosissante oreille indulgente à mes discours, par son avidité même des poétiques imaginations; et je dissertai, comme en chaire, sur le néo-platonisme et ses corollaires de conception passionnelle pendant la Renaissance italienne.

L'Aube craieyait de fatigue les visages, éteignant les bougies et les yeux, que nous récitions encore des chansons de Dante et des subtilités de fidèles d'amour.

« L'esthéticisme anglais fait suite à ce néoplatonisme, — me dit-elle, — il en est même la dernière évolution... Connaissez-vous Rossetti?... Dans l'ennui pesant d'un séjour d'été, à la campagne, j'ai traduit les cent-un sonnets de la Maison de Vie... Sans idée présente de publication, je souhaiterais en tête de mon manuscrit même, comme initiatrice au poète-peintre, cette érudition qui le filie à travers le passé intellectuel et le commente jusqu'en ses obscurités..... Ce que vous m'avez dit, écrivez-le. »

Je me récriai qu'en voyage on perdait son style et que les mots eux-mêmes fuyaient une chambre d'hôtel..

« N'est-ce que cela? Je fais des visites tout demain, venez écrire aux Platanes. »

J'étais à bout de mauvaises raisons! Le moyen de se dérober au désir d'une femme dont on est l'obligé.

Car je lui devais une des reconnaissances morales dont s'affranchir est félonie; après m'avoir lu, elle avait dédaigné cacher mes livres comme les autres femmes du monde marseillais; on l'avait vitupérée d'oser de l'estime littéraire pour le prétendu mécréant de la décadence latine; *là-bas le courage d'une opinion, si elle est favorable à des œuvres d'audace comme les* Diaboliques *ou le* Vice suprême, *suffit à hérisser les pudibonderies hypocrites ou niaises.*

La gratitude ne me poussait pas seule; j'étais curieux d'un certain boudoir, dont la célébrité locale agaçait mon scepticisme en matière de grâce provinciale.

..*

Un nègre m'introduisit.

Je m'attendais à un spectacle, ce fut une sensation. Avant de rien voir, je me sentis enveloppé d'une caresse d'atmosphère où des tiédeurs odorantes vaporisaient une spirituelle volupté; et troublé de cette émotion de l'église vide où flottent encore les vapeurs d'encens et les vibrations d'orgue d'un Salut.

Réalisation optique de cette impression, hallucinante comme tous les apports du hiératisme au prestige sentimental, le retable de cette chapelle féminine apparut.

Seul, sur un mur tendu de velours nacarat broché d'or, un portrait avivait le vaste boudoir, d'une présence fluidique.

On s'étonne parfois d'avoir méjugé quelqu'un entr'-

a.

aperçu dans une foule, qui, rencontré à nouveau et mieux regardé vous retient et captive. Dans la cohue des cadres de *1883*, ce Cabanel m'avait séduit ; mais me roidissant contre sa grâce et poursuivant sur le peintre à la mode le goût imbécile des gens du monde, j'avais, pour obéir à des commandements de doctrine esthétique, appliqué injustement l'in odium auctoris à cette toile-œuvre, un chef-d'œuvre, l'unique de M. Cabanel ; qui a su rendre une adorable femme, là où un pourctraicteur d'âmes, comme le Vinci, eût découvert une sœur de la Joconde.

Et d'abord, rencontre heureuse, le costume ne date contemporainement, ni archaïse pour atteindre au style.

Un corsage noir dénudant les plus belles, les plus tombantes épaules, la blancheur du bras nu, barrée d'une mantille de dentelles noires aussi ; et c'est tout l'attirail. Sur ce col que la Bible compare à une tour pour sa rondeur, rêve une tête sphingienne qui regarde devant elle, mais au-delà du réel.

Baignés d'un clair obscur mystérieux, les yeux immenses « qu'un ange très savant a sans doute aimantés », regardent d'ineffables choses ; et réverbèrent une surhumaine mélancolie, tandis que passe sur l'arc vibrant des lèvres détendues, la douceur et le défi d'une ironique bonté.

Autel au-dessous de l'icône vénéré, un large divan couvert de peaux d'ours gris ; et s'étayant, se superposant, un amoncellement de coussins montant vers la Dame, avec des formes disparates et des tons éclatants.

Au pied du divan, trône sur une table d'ébène, chargé de bijoux précieux, un Dante italien rarissime, rappel de haute intellectualité ; et dessous, en des étagères tournantes, les livres de chevet, les poètes confidents que je n'osai regarder ; le choix de ses lectures confesse-t-il pas une femme, à moitié ?

L'œil, quittant ce coin d'oratoire profane, ne s'orientait plus, à travers l'harmonieux désordre du décor multiplié. Le grouillis du bibelot, l'accumulation du joli détail, l'infime variété des couleurs impossibilisait l'analyse, condamnant à un effet d'ensemble, comme un tutti d'opéra où l'oreille ne saurait percevoir le rôle respectif et la partie relative de chaque instrument.

A peine accrochée à un bronze florentin, l'attention était sollicitée par une majolique, vaste comme un bouclier où Europe s'abandonne, sur la croupe du Dieu. Distrait de la broderie d'une chasuble espagnole par la grimace d'un dragon, un vieux calice m'ouvrait les perspectives claustrales d'un Saint Trophime et la statuette d'Ammon-Ra-Harmakis me chantait le viel hymne d'Heliopolis : « Seigneur des formes, tu as soulevé le ciel d'en haut pour élever ton âme ; épervier saint, phénix aux ailes prismatiques, avance sur ta mère Nout, Seigneur de l'Éternité. »

A travers le dessin oscillant d'un rideau fait de longs fils de perles multicolores, fuyait une serre, qu'emplissent de doux bruits se répondant, le gazouillis d'une volière et le jasement d'un jet d'eau. Des daphnés se pâmaient dans des coupes : et subjugué par la souveraine grâce de femme partout imprégnée ; enfermé dans un cercle de Popilia, j'aperçus bien un mignon pupitre ; j'y pris, au lieu de plume, une cigarette orientale et l'idée que j'étais venu pour écrire s'effaçait de mon esprit ; toute une revenance de Chimère développait sa chorie en mon âme.

Soudain frappèrent ma vue, un encensoir et sa navette : comme Achille à Scyros se trahit quand Ulysse montra une épée, l'adepte tressaillit devant le vase sacré que n'ont touché jamais que des mains sacerdotales ou magiques. Surcroît d'étonnement ! la navette contenait du storax, de l'encens, de la myrrhe et du sandal, mélange poussiéreux d'un gris rouge, que nul prêtre romain n'avait pu composer. C'était donc un frère rose croix qui me tendait cette mixture, à travers trois siècles.

Je pris des braises au foyer, et thuriféraire recueilli devant le Portrait, je balançai longtemps l'encensoir.

Quand descendit le crépuscule, il enveloppa de ses ombres, un platonicien qui rêvait, dans un nuage de parfums !

***

Celle qui porte pour devise Clementia Fortis, *comme les princesses de la Renaissance, a de plénières indulgences pour l'intellectuel, même aussi impardonnable que je l'avais été.*

Elle daigna me lire sa traduction de Rossetti ; dès l'abord je me plaignis de l'extrême littéralité. « Attendez, — me dit-elle, — j'ai songé à ceux qui sont profanes envers la langue anglaise ; voici une autre traduction, littéraire, celle-là. »

Non seulement cette version, selon le génie français, rendit Rossetti appréciable pour moi, mais je trouvai en cette paraphrase un intérêt d'expression, des bonheurs de mots, de ces images rendues avec la netteté d'un calque bien venu, qui réjouirent en moi le technicien.

Mon avis accroissant l'action des désirs amis et ennemis, la publication se résolut.

Le rêveur reconnaissant du boudoir des Platanes ne pense pas s'acquitter d'un rêve par un peu d'encre versée ; mais il a voulu dire l'étrangeté des circonstances qui le font ici préfacier et aussi se permettre un peu de fantaisie, — qui qu'en grogne, — avant de se grimer en vieillard des inscriptions et belles-lettres, et chaussant les bésicles du pédant, restaurer à la Chenavard, en une fresque de portique à la Maison de Vie, l'évolution sentimentale du néo-platonisme.

*
* *

Il y a toujours eu, dans l'humanité et pour son honneur, des Aristes, de « ces kalenders, fils de roi » qui, devant les basses fatalités de l'être, ont cherché à faire un concordat qui obviât au conflit de l'instinct et de l'esprit.

L'homme supérieur, qui n'a pas étouffé la Bête dans la Sainteté, du moins lui a mis des ailes, comme Assour; et une civilisation donne vraiment sa mesure par le seul examen de sa conception amoureuse.

A restreindre la recherche aux latins, il faut demander à Platon la formule dont Rossetti est le dernier représentant et prendre sur la table du Symposion le flambeau qui éclairera de la même lueur la Vita Nuova, et la Maison de Vie.

L'Athénien Apollodore raconte à la cantonade le souper donné par Agathon à Socrate, Phèdre, Eryximaque et Aristophane et Aristodème.

Qu'on se figure Arsène Houssaye en son palazzino de l'avenue Friedland, traitant Barbey d'Aurevilly, Edmond de Goncourt, Paul Bourget, le docteur ***, et X***...

Agathon, c'est-à-dire Houssaye, propose de boire modérément et de renvoyer la joueuse de flûte.

L'an de la quatre-vingt-cinquième Olympiade, comme en celui-ci, la préoccupation de l'amour saisissait les plus subtils esprits, attardés près des amphores.

Phèdre, ou Barbey d'Aurevilly, prone la passion : « Si par enchantement un état ou une armée se composait d'amants aimés, quelle émulation ; l'Amour est le seul honneur et le seul bonheur de la vie. »

Pausanias ensuite distingue en Vénus Uranie et Vénus Pandémos ; pour lui deux Vénus, partant deux amours. « Le but de l'amour est de se rendre mutuellement heureux ». Cela serait très élevé, s'il n'entendait son Uranie au genre masculin ; ici se place le « Sile » hermétique.

Éryximaque, le médecin, conçoit l'Amour comme un morceau d'harmonie à quatre mains ; l'union des contraires constitue l'équilibre et partant la santé de l'âme comme du corps.

Aristophane, sous des bizarreries à la Rabelais, dévoile tout l'ésotérisme du mythe d'Éros ; je l'ai longuement exposé dans ma théorie de l'idéographie grecque. Mais la partie prodigieuse du discours du grand comique, c'est la dissertation de l'androgyne, je la considère comme la clé des psychologies supérieures, et aussi comme la seule formule de l'Aristocratie humaine : Il y a deux classes d'êtres : les uns impuissants de l'esprit, les autres véritables engendreurs du Verbe.

Agathon parle enfin, comme Houssaye parlerait « l'Amour est le plus heureux des dieux parce qu'il en est le plus beau et le plus jeune; il est maître des Muses.

Enfin, *Socrate*, qui était le Sage pour les convives comme pour nous, après avoir réfuté un peu scolastiquement Agathon, en vient à ces mots précurseurs d'une de plus grande parole qui ait été dite. « Voici le discours que tint une fois, une femme de Mantinée, Diotime, savante sur tout ce qui tient à l'Amour ».

Était-ce une hétaïre, une Hypathie? A-t-elle même existé; lotus sacré dans le parterre platonicien où elle se dresse comme un ostensoir, tandis que ses racines tiennent encore au sol de la mystérieuse Égypte.

Qu'elle ait aux Panothennées retardé la peste, et qu'elle prophétisât, magicienne ou non, cette fille immortelle de la pensée de Platon est l'aînée de toutes les Béatrices, l'artisane du culte rendu à la femme occidentale.

Les plus mâles esprits, les Dante, les Shakespeare, les Balzac ont tous, de siècle en siècle, avoué comme Socrate qu'ils étaient ses écoliers en amour, et les Dames lettrées, si elles étaient conscientes de cette grande aïeule, devraient dresser en leur boudoir un cippe, ex-voto de reconnaissance, A Diotime, la première Béatrice.

« L'Amour est un démon — enseigne la Mégarienne,

— c'est-à-dire un intermédiaire entre le mortel et l'immortel, un interprète entre les dieux et les hommes, dont le va-et-vient fait l'harmonie universelle. Le fils de Poros et de Pœnia se dénomme le Désireur du Beau, et le parturiteur moral ; et les modernités de ces énonciations existent en un roman contemporain : je n'envisage ici que la partie catéchiste des idées de Diotime.

Son génie, féminin de bonté, précise les étapes, possibles parce qu'elles sont graduées avec bienveillance, d'une montée vers l'Absolu. Marche expérimentale du connu à l'inconnu, du sensoriel à l'intangible, aussi rigoureuse de point de départ que l'eût conçu Roger Bacon s'il avait traité des problèmes de l'âme en même temps que de ceux de l'esprit, la révélation Mégarienne apparaît un véritable discours sur la méthode en matière sentimentale. Cette miséricordieuse initiatrice ne veut pas décourager, en plaçant le but hors de portée : « Aimez d'abord la beauté dans les corps : puis, aimez la beauté de l'âme, dans le corps préféré. »

Il semble que nous sommes au lieu commun romantique, le commandement va s'élever.

Élément divin et principiel, que la nature produit, mais que la volonté seule perfectionne, la Beauté n'est pas une simple extériorisation de la forme. Tout est susceptible de beauté, du geste à l'acte, du regard à la parole. Si le premier pas perfectif a été de concentrer toutes ses aspirations

b

de beauté sur un seul être; le second sera à préférer la beauté de l'âme à celle physiquement affective du corps. A la clarté de sa passion ennoblie, l'androgyne saluera la beauté partout où il la rencontrera, beauté de devoir ou beauté d'art. Monter des beautés inférieures à la beauté parfaite, se prendre à la beauté visible, initiatrice de l'invisible; faire de l'être aimé un miroir ardent qui concentre les rayons et les visions de l'Absolu, voilà ce que les cœurs bien nés ont retenu du prêche sublime; car l'absorption dans le Beau éternel abstrait, en un détachement de tous les êtres, n'est possible qu'aux vocations mystiques. Lacordaire, ce moine qui a su être audacieux sans jamais se dégironner, dit quelque part : « Nous n'avons qu'un cœur pour tous nos amours; celui qui s'exalte vers Dieu comme l'autre qui s'égare sur les créatures; et voilà pourquoi notre langage est le même quand nous adorons le Seigneur ou que nous brûlons d'ardeurs profanes. »

Si un corollaire à cette vue profonde, m'était permis, je dirais que l'incarnation du fils de Dieu était nécessaire à l'éclosion de la Sainteté, telle que la peignent les Acta et la Légende dorée.

Il fallait pour un temps, que le Christ s'assimilât à nous par l'humanisation pour que nous puissions nous assimiler à lui dans un effort de divination. Aucune religion ne revendique un cœur comparable à celui de sainte Thérèse, parce qu'aucune ne présente, avec la certitude historique de présence humaine sur notre terre, la perpétuité de la présence dans le tabernacle, et les mondes d'amour de la possession eucharistique.

Quiconque ne conçoit pas la puissance de la communion et n'a pas un respect infini pour ce chef-d'œuvre de la foi, peut être un fort grand personnage : un psychologue, non pas.

Je ne suivrai pas le platonisme chez les Alexandrins, à Rome non plus. Vulgaire patriote, butée dans l'égoïsme collectif, et l'orgueil sanglant, cette race de centurions et d'intendants militaires a la tête lourde d'un hoplite, trop casquée pour penser. Le Songe de Scipion, l'œuvre de Cicéron qui reste chef-d'œuvre pour le lettré comtemporain, qui a secoué les centons d'Université ; puis dans les Bucoliques le jam redit et Virgo... jam nova progenies... sont les seuls ressouvenirs romains du platonisme.....

Le Pasteur d'Hermas, dont on n'a que la version latine, contient, à part quatre visions, douze mandements et dix similitudes paraboliques, la seconde Diotime.

L'auteur, que Saint Paul a salué dans son épitre aux Romains, raconte qu'il vit une jeune fille se baigner dans le Tibre et qu'il la désira intérieurement. Peu après en une vision, du haut des balcons du ciel, comme la Damoiselle Elue de Rossetti, il la vit se pencher. Domina, dit-il ; c'est la première fois, ce semble, que l'appellation « Ma Dame » a été écrite. « Le désir du mal est monté dans ton cœur, et, sache-le, le juste ne doit pas désirer l'injuste. Prie le Seigneur, et par mon intercession, il le guérira du péché. » Ainsi parla-t-elle.

Quoique Méthodius, l'évêque de Tyr, ait conquis les palmes du martyre, je ne garderai, par l'hypocrisie qui règne, d'insister sur les trop vives images platoniciennes si pures d'intention du Banquet des Dix Vierges.

On retrouve des échos du Symposion dans le commentaire du Songe de Scipion par Macrobe. Saint Augustin, qui avoue dans ses confessions devoir la supposition qui devait faire de lui un héros intérieur, c'est-à-dire un saint, aux idées de Diotime, a donné pieusement dans son banquet de la vie heureuse, le rôle de la Magarienne à son auguste mère sainte Monique.

L'entretien à Ostie peut donner idée de l'heureuse christianisation du Platonisme : « Si tout ce qui a passé comme un éclair devenait perpétuel pour l'âme, et qu'elle s'absorbât toute dans la joie intérieure fixée à ce point où nous l'avons éprouvée, à l'instant de suprême entendement qui nous a fait crier d'amour et de douleur ; ne serait-ce pas la joie du Seigneur, dite par l'Évangile ? »

Cent ans après l'évêque d'Hippone, Théodoric, roi goth, emprisonna Severinus Boèce ; de là le livre de la Consolation philosophique, qu'admirait Alighieri.

Une Dame lui apparaît dans sa geôle, chasse les Muses et le console, en l'élevant vers les idées pures et austères.

M. Delecluze, qui a si mal parlé de Delacroix, a fort bien vu dans Boëce la transition esthétique du païen au chrétien : « C'est pour les lettres, ce que, dans les arts, sont les peintures des catacombes où Orphée, considéré comme propagateur de la doctrine de l'unité de Dieu, est représenté auprès de Jésus-Christ. »

Pour qui connaît la théorie des cinq degrés de l'amour divin, d'après la doctrine des Sophis, il est indéniable que le néo-platonisme oriental fait un pendant très digne à l'occidental, et un pendant synchronique.

A la cour de Mamoun, le fils d'Aroun-Al-Raschid, pendant ce règne de trente-trois ans, le platonisme avait déjà pénétré l'esprit arabe; et jusqu'au XVe siècle, les fils de Mahom eurent souvent le pas sur la civilisation chrétienne.

Un Persan a écrit ces vers si voisins de ceux d'un Pétrarque : « C'est votre beauté cachée et néanmoins brillante sous des voiles, qui a fait, Seigneur, un nombre infini d'amants et d'amantes. C'est par votre rayonnement que Leila a ravi le cœur de Médjnoun. C'est pour vous posséder, ô Dieu, que Namek a épuisé ses soupirs pour Adra.

Antar, ce héros de chevalerie qui accomplit tant de prouesses en l'honneur de son amante Ibla et surtout Med-

b.

jnoun, l'insensé par amour qui mourut sans avoir baisé Leïla, sont des modèles d'amants. Voici, d'après la traduction que Chézy a faite de Djami, une tirade de Keïss l'énamouré :

« Oublier, Leïla ! Non, jamais ! Son souvenir repose dans mon cœur, comme une image inaltérablement gravée sur un chaton précieux. Leïla est mon âme véritable ; l'univers entier parcouru, ce qu'il renferme étudié, j'ai vu que chaque objet se pouvait remplacer par un autre, excepté Leïla. Si je la dois perdre, le sein de la divinité seul pourra calmer la perte d'un être auquel rien de terrestre ne se peut comparer. » Sans compter les Mille et une Nuits et le poème de Nizami sur le patriarche Joseph et Zuleïka, femme de Pharaon, les romans platoniciens de l'Orient, mentionnés dans la Bibliothèque orientale d'Herbelot, sont nombreux : Khasrou et Schirin, Gémil et Schanbah.

Ce qui explique la concomitante de la même inspiration à cette date, chez deux races, d'une culture si diverse, c'est que la Sulamite du Cantique de Schlomo a servi aux Orientaux qui n'avaient pas encore lu Platon, pour faire d'une femme un être symbolique de toutes les excellences.

Les huit croisades qui remplirent la scène du monde de la fin du XIIe à celle du XIIIe siècle, ne nous paraissent plus seulement des pèlerinages à main armée, cachant une prévision profonde de la nécessité où on était d'écraser le Musulman sur son sol, de peur qu'il ne piétinât le nôtre ;

elles sont, aux yeux du penseur, les occasions les plus virulentes pour ces races de se pénétrer spirituellement et d'échanger des conceptions.

Tandis que trouvères et troubadours imposaient la langue franque à l'agglomération palestinienne, les Arabes insufflaient leurs imaginations aux Picards et aux Provençaux. Les rapports des Méridionaux avec les Africains et les Maures d'Espagne expliquent singulièrement le sentiment de leur œuvre : il ne serait pas insoutenable que ces Provençaux, maîtres des Italiens, n'aient d'abord été eux-mêmes enseignés par les Arabes.

Si la spiritualisation de l'amour se manifeste dans l'élément oriental dès le VIIIe siècle, l'Italie ne la manifeste qu'au XIIIe. L'interrègne appartient aux troubadours. Seulement, le cliché est à briser qui considère le troubadour comme un amant platonicien.

Sa dame, le plus souvent, n'est que la princesse qui le pensionne, courtisan, non mystique et fort impertinent. Bernard de Ventadour déclare que : « Dieu doit me savoir gré de ce que j'ai quitté ma dame, car si je perds ma dame, il n'a pas de quoi me consoler. »

Un autre, comte d'Orange : « Peu s'en est fallu, tant sa beauté est parfaite, que Dieu ne manquât son coup en la formant. »

Et voici comment le même personnage enseigne la bonne façon d'aimer :

« Répliquent-elles à un mot désobligeant ? ripostez par un coup de poing sur le nez ; soyez plus méchant qu'elles, et vous en ferez ce qu'il vous plaira. » S'ils avaient un orgueil à la Piron, juste, du reste, comme le manifeste Arnaud de Marveil à la comtesse de Beziers : « Dès qu'on aime, on est digne d'être aimé. Dieu juge les cœurs et n'a cure des distinctions ; mon cœur vaut bien celui d'un roi, s'il bat royalement. »

Mais à côté de là, un Picard, Girard de Calanson, recommande à ses confrères trouveurs de savoir retenir des pommes sur la pointe d'un couteau et de crever en sautant quatre cerceaux, avec imitation de cris d'oiseaux. Le troubadour était un peu un clown, sinon un cabotin.

Les jeux partis et les tensons, modes de casuistique amoureuse, où par exemple on débattait : si recevant deux rendez-vous, l'un d'une ancienne, l'autre d'une nouvelle maîtresse, il fallait opter pour l'un ou l'autre, appartiennent à la galanterie, en prenant le mot dans le sens où Courier le donna devant ses juges.

Les dames provençales de ce temps, les Guillemette de Benavias, les Mahaut de Montagnac, les vicomtesse de Bénanges étaient des viveuses, et les cours d'Amour qu'elles tenaient, des cours de débauche théorique.

On découvrirait bien de la passion dans le provençal, mais de la métaphysique, de la mysticité d'amour, nulle trace. Devant le psychologue, le langoureux troubadour n'est qu'un roué; et il n'y a pas si loin de la corruption provençale à celle de la Régence.

Vers le milieu du XIIe siècle, les Génois Calvi et Doria, le Vénitien Giorgi, et Sordello canzonèrent en provençal.

A l'empereur de Sicile Frédéric II, contemporain de Saint François d'Assise, qui débattit contre quatre papes et rêva la monarchie universelle, appartient l'honneur, malgré ses crimes, de la plus ancienne poésie de mysticité amoureuse en langue italienne. En voici des fragments que je traduis très librement :

« I. Il te plaît que je treuve; Amour, donne-m'en donc le talent. Dame à qui je donne mon cœur, j'éprouve trop de douceur à vous aimer, pour le jamais reprendre. Que ce soit votre bon plaisir que je vous aime, que ce soit votre bon plaisir de m'aimer, ô Dame qui fortifie mon cœur, quand je me penche vers elle.

II. Je me penche vers elle pour respirer l'espoir et alléger mon courage; je suis vôtre, et n'ai plus de volonté mienne. Devant vos beautés stellaires, j'attends que vous me réjouissiez entièrement, confiant en votre bénignité, ô florale merveille, par-dessus toutes les femmes.

III. Victorieuse des autres en puissance et savoir, nul ne saurait préciser vos attraits, tant vous êtes belle. Quelle Dame s'éleva aussi haut que vous d'esprit et d'appas, Dame souveraine, dont les effluves me réjouissent. Je m'exalte de joie, en songeant que je suis aimé de vous. »

Il y a là plus de vrai respect pour la femme aimée et de gravité dans le ton.

Pierre des Vignes, secrétaire de l'Empereur, continua son inspiration.

« *On ne croit pas à l'Amour parce qu'il est incorporel et qu'on ne le voit pas; mais on le sent au cœur, et si fort qu'on devrait en vénérer d'autant plus le mystérieux pouvoir. Quand l'aimant attire le fer, que voit-on? Aussi je crois que l'Amour existe et que la foi à l'Amour se répandra bientôt universellement.* »

Nous voici à Brunetto Latini et Guido Guinizelli, les maîtres de Dante, encore imitateurs des troubadours.

Avant d'arriver aux contemporains de l'Alighieri, il n'est pas inutile de comparer l'inspiration d'un Oriental et celle d'un duc d'Aquitaine, au XIe siècle. Cet édifiant Guillaume IX fit construire à Niort une maison de débauche sur le modèle d'un couvent, et on y profana le rituel monastique. Voici un spécimen de ces imaginations. Deux dames, rencontrant un muet, voient en lui un péché sans indiscrétion possible et l'emmènent chez elles. Des doutes leur viennent sur le mutisme de l'inconnu; elles le couchent avec un chat, qu'elles ont rendu furieux. Le muet héroïque sous les griffures ne pousse que des cris inarticulés. Deux fois, ces bonnes commères répètent l'expérience, et enfin, rassurées, se fient sexuellement à lui.

Or, les Arabes du VIIIe siècle connaissaient Platon; deux cents ans plus tard, dans la Perse mahométanisée, Firdousi le laissait voir en son Livre des rois. Amak, un demi-siècle après, dans son histoire de Joseph, lui fait dire, « qu'il appartient à Put-Phré, c'est-à-dire qu'il est prêtre du soleil, et que rien au monde ne pourra lui faire briser son vœu. » Dans les Commentaires, Zuleika symbolise l'âme s'élevant jusqu'à Joseph, l'esprit qui ne peut descendre; et au même sujet traité par Hafiz, le Persan y voit un Cantique des Cantiques, Joseph étant Dieu et Zuleika, la créature d'élection.

Le mysticisme de Nizami est presque dépassé par Omar, dont M. de Sacy a donné des extraits dans la Chrestomathie arabe : « O toi dont les traits percent les cœurs, traits qui partent de tes yeux et que décoche l'arc de tes paupières... Le feu dont tu m'as allumé m'a fait preux : la crainte du dernier jour m'inspire une vertu aussi pure que celle de Moab. » Je copie dans la version de M. Garcin de Tassy ces fragments des allégories morales d'Azz-Eddin :

« Si l'œil de ton intelligence était dégagé de tout voile, chaque être saurait t'apprendre ce qui manque à tes désirs. Écoute le zéphir murmurer, le saule d'Égypte se plaint à toi du balancement de ses rameaux, la marguerite semble te présenter l'armée des fleurs. Vois, le narcisse se lève sur sa tige, comme pour faire sa prière; l'anémone paraît avec sa robe déchirée; elle frappe ses joues de *rose comme si elle avait perdu quelqu'un qui lui fût cher. Le grenadier exprime l'excès du feu ardent qu'ont allumé en lui les cruels dédains de son amie... Le Printemps, qui accompagné de la Rose son interprète, amène de si doux changements dans la nature; pour l'homme sensible aux grâces du Créateur, tout confesse Dieu et le bénit. Chaque chose est une preuve de son unité.* »

Un papillon parle ainsi à la flamme qui le consume :

« *Quoi, je t'aime et tu me fais mal. — Véritable amant, répond le flambeau, ne te hâte pas de me condamner ; j'éprouve les mêmes tourments que toi. Le feu m'aime et ses soupirs enflammés me brûlent et me liquéfient ; il veut se rapprocher de moi, et il me dévore; mais dès que ses désirs sont accomplis, il ne peut exister qu'en me détruisant. — O toi, s'écrie le Feu, qui tout interdite au milieu de mes rayons es tourmentée par ma flamme, pourquoi te plaindre puisque tu jouis du doux instant de l'union? Heureuse la vie de celui qui, consumé par mon ardeur immortelle meurt à lui-même, pour obéir aux lois de l'Amour.* »

M. I. Delécluze, en son remarquable ouvrage sur le Dante, donne le texte d'un sonnet de Guido Cavalcanti, répondant à cette question d'Orlandi, autre sonnettiste : quelle est la nature de l'Amour ?

Cette chanson, que je vais rendre en son esprit seulement, a été commentée par plus de vingt esprits comme

Marsile Ficin, et sa célébrité italienne exige qu'elle soit ici.

I. Une Dame m'interroge sur l'aventure qu'on nomme Amour, aventure souvent terrible pour ceux qui y songeaient le moins. Je demande un centre pour ce rayon de lumière. Sans expérience, sa nature ni sa naissance ne s'expliquent...

II. L'Amour prend pied des idées innées, latentes dans l'entendement et que la vue de la Beauté remet en activité. L'Amour s'éveille donc à la vue d'une belle forme et demeure dans l'intellect passionnel (âme des hermétistes peresprit).

III. Il n'est pas la Force, mais il est une Force de perfection, qui d'un départ de sensations arrive à une conception rationnelle...

IV. L'Amour commence, quand il dépasse l'instinct. C'est la passion avec ses brusques changements d'humeur qui excite les ris ou la crainte, en renversant les traits du visage. Cet amour n'existe qu'entre des individualités hautes. Bientôt il passe de l'ardeur à la contemplation...

Les Documents d'Amour de Barberino sont encore plus obscurs, l'éditeur de 1641, Ubaldini, déclare que l'auteur ne veut être compris que de quelques nobles amis toscans.

Nous sommes donc en présence d'une maçonnerie sentimentale; la clé en est placée trop en dehors des idées mo-

dernes pour songer à l'offrir au public. Qu'elle reste comme au temps de la Renaissance aux longs doigts de quelques métaphysiciens et de leurs Béatrices : aristocratie fermée en ce temps de castes ouvertes ou détruites.

⁂

Aucun génie moderne ne dresse une physionomie aussi sévère devant la Postérité que celle de l'Alighieri ; il semble qu'il ait traversé la vie, dans l'attitude d'un pape laïque, farouche et inspiré.

Mais les biographes, alors même qu'ils s'appellent Boccace et qu'ils admirent, viennent, inconsciemment peut-être, rayer d'humanité le bronze coulé d'un seul jet par l'imagination conquise.

A vingt-deux ans, Dante épouse Madonna Gemma Donati, il en eut sept enfants! Pourquoi le mariage dépoétise-t-il l'homme de pensée, aux yeux même les plus chrétiens? Ne serait-ce pas cette raison platonicienne que l'engendreur de l'esprit ne doit pas engendrer du corps? Boccace conseille aux intellectuels de « laisser le mariage aux sots riches, aux grands seigneurs et aux ouvriers ». Ce qui laisserait supposer que le mariage du grand Florentin ne fut pas béatifique. « Malgré la répu-

gnance que j'éprouve à tacher la gloire d'un si grand homme, il m'est impossible de ne pas avouer qu'il a été adonné à la luxure, non seulement dans sa jeunesse, mais même dans son âge mûr. »

Comme tout cela rime mal avec l'adorable rencontre de ces deux enfants de neuf ans, dont l'un devait faire don à l'autre de la plus belle immortalité possible pour une femme.

Les premières gemmes de cette incomparable couronne au doux front de Béatrice Portinari, morte à vingt-cinq ans, sont les sonnets de la Vita Nuova; quant au commentaire explicatif qui suit chacun d'eux, j'en avouerais sincèrement l'ennui, si Dante ne devait être honoré jusqu'en ses virgules. Lorsque après avoir dit en vers « Ma Dame est un neuf » il ajoute en prose qu'elle est un miracle dont la racine est l'admirable trinité, il n'explique rien : hors de la Kabbale, cela n'a pas de sens ; et alors qu'il est dans la littérature contemporaine de ces suprêmes dandys, jetant en défi au lecteur vulgaire de semblables formules, je croirai pécher en faisant de la lumière là où son immensité le Dante a voulu de l'ombre.

Je ne dirai rien du Convito; une chanson ésotérique par livre et le développement philosophique de ce qu'elles contiennent : cette énonciation en vulgaire de ce que les Anselme, les Abailard, les Albert le Grand, les Thomas-d'Aquin n'avaient encore promulgué qu'en latin. Il y *répète plusieurs fois cette parole significative et qu'il faut retenir : « La Dame pour qui j'ai* amor et studium, *celle dont je suis amoureux, c'est la philosophie. »*

On y trouve aussi la mention formelle des Fidèles d'Amour, association sentimentale mystérieuse à laquelle la perversité du XVIIIe *siècle fera un pendant antithétique avec la société du Moment.*

Au troisième cantique de la Divine Comédie, *Béatrice a un triple caractère d'amoureuse chaste, de sainte emparadisée et de génie enseignant. Au cercle de Mercure, elle démontre l'immortalité de l'âme et la résurrection ; et les adorables propos, lorsque le Florentin lui demande de sourire : « Si je souriais tel que Semélé, tu serais réduit en cendres ; car, tu l'as pu voir, ma beauté resplendit à chaque pas de notre ascension ; si je ne la modérais d'un éclair, je te foudroyerais, comme fait le tonnerre d'un arbre. »*

La Béatrice de la Vita Nuova *est une femme ou la Beauté ; celle de la* Divine Comédie *une sainte ; ou la théologie celle enfin du* Convito *une Diotime initiatrice ou la philosophie.*

Ceci n'est point arbitraire, et Alighieri dit lui-même : « Mon premier, mon second, mon troisième amour. »

La fillette florentine finit en abstraction pure. A côté de la Portinari, comme tenantes il nomma la Mandella et Jeanne, les deux dames de Guido Cavalcanti. On connaît encore la Constance *de Barberino*, la Nina *de Dante de Maiano*, la Fiammetta *de Boccace*.

Pétrarque a palinodé son amour pour Laure dans un dialogue de son Secret *avec Saint Augustin, il reconnaît qu'on doit adorer Dieu directement et sans aimer auparavant la créature, comme le voulait Platon.*

Nous verrons plus loin les entretiens platoniciens de Carreggi et la correspondance des Fidèles d'Amour; *il importe auparavant de parcourir le chansonnier de Dante et de rendre un hommage à l'érudition du père de Gabriel Rossetti.*

* * *

De l'esprit antipapal qui produisit la réforme et de l'influence sociale qu'il exerça sur la littérature de l'Europe et particulièrement sur celle de l'Italie, comme on peut s'en convaincre par l'examen de beaucoup d'auteurs classiques italiens, et en particulier de Dante, Pétrarque et Boccace; *par Gabriel Rossetti, professeur de langue et de littérature italiennes, au collège du Roi, à Londres.* — Londres 1832.

La thèse soutenue en cet ouvrage d'érudition s'énonce lumineusement, en établissant que les Prophètes, l'Apocalypse, et la Divine Comédie ont un sens ésotérique; et que ces grands écrivains appartenaient tous à une maçonnerie intellectuelle transmise d'âge en âge, de génie en génie.

Malheureusement Gabriel Rossetti, le père, ne résout pas le problème ; après l'avoir posé le premier, ce qui lui restera un honneur, il ne voit dans les obscurités de Dante qu'un sens comtemporain et politique : la doctrine de l'Alighieri n'est autre que la Kabbale, il fallait prendre le sens anagogique au lieu de l'allégorique. Néanmoins cette tentative s'impose par sa supériorité sur les innombrables essais analogues, tous plus infructueux.

Le professeur Rossetti s'attira les plus violentes invectives. Catholique, il démontrait que le vieux Gibelin voulait rendre au Pape ce qui était au Pape, les âmes, et à l'empereur ce qui était à l'empereur, les corps et la police sociale. Quelle était donc la conception de la Papauté de cet ancien conspirateur italien pour que son catholicisme souffrît à constater que Dante ne voulait pas un César sous la tiare : les mains qui bénissent le monde doivent rester pures d'œuvres humaines ; et le pouvoir temporel, avec le népotisme et ses conséquences, avec la légion des monsignore fait tomber le vicaire de Jésus-Christ au rang d'un monarque, et c'est tomber bien bas. Que l'Église se laisse, se fasse garder et défendre par des pouvoirs politiques, c'est de la nécessité ; mais dès qu'elle devient Césarienne, elle s'encanaille, au même degré qu'un philosophe devenu politicien démocrate.

C'est pour répondre à la bêtise des clameurs de sacristie, accusant l'érudit de déshonorer Dante et d'insulter au Credo, que fut composé l'ouvrage. Il démontre irréfutablement l'antipapisme césarien de Dante, Boccace et Pétrarque; il suppose ensuite que depuis l'Apocalypse, les penseurs, pour crier contre les Papes, employèrent un langage apocalyptique et que ce mouvement aboutit aux Patarins ou Albigeois, qui devinrent une secrète association dès que Rome eut sévi contre eux. Le lieu n'est pas d'instruire un procès des Vaudois qui exige le huis clos : mais il saute aux yeux que prendre un symbole, quelques mots argotiques à une secte ne constitue pas filiation; il n'est pas plus raisonnable de prétendre que Dante était patarin parce qu'il a tonné contre la Cour de Rome, que de déclarer démocrates ceux qui ont raillé l'inertie du comte de Chambord. Rossetti, enivré d'un fragment de vérité, ne la présente pas avec mesure; là où le Dante veut simplement demander que le temporel soit à l'Empereur, il prétend que pour l'Alighieri, la Papauté est le règne visible de Satan sur la terre, alors que le De Monarchia de Dante parfaitement orthodoxe ne contient qu'un seul point d'erreur : que la puissance impériale ne relève que de Dieu seul.

L'auteur arrive enfin à cet amour platonique générateur de la poésie italienne du XIIe au début du XVIe siècle, et que son fils devait reprendre et raviver.

Si l'on souscrivait à certaine idée du savant professeur, quelle dépoétisation : il affirme que seuls, parmi les poètes italiens, les Gibelins ou impérialistes cultivaient cette gaie science si obscure, en l'honneur d'une Dame intellectuelle rencontrée la semaine sainte et morte jeune, tandis que les guelfes comme Brunetto Latini ne parlent point d'amour, et n'appartiennent pas à cette formule littéraire dénommable, éroto-platonicienne.

J'avoue ma rébellion à voir en Béatrice ou Fiammetta la puissance impériale.

La mort et la vie signifiant le papisme et l'empire : on arrive à traiter les sextines de Dante comme les centuriers de Nostradamus.

Le levrier héritera de l'aigle et punira la louve, c'est l'Empereur, roi d'Italie, malmenant le Pape.

Enfin, le mot amour doit s'entendre de l'harmonie qu'amène l'impérialat.

A dégager l'idée mère, Dante et ses émules ont déguisé sous des chansons d'amoureux, des rêves politiques.

En 1840, Rossetti, le père, a publié cinq vol. in-8°, sous ce titre : Il mistero dell Amor platonico del medio Evo, derivato dá misteri antichi.

Ce mystère est encore tout politique ; l'amour platonique couvre de ses symboles l'amour de l'Empire : La gaie science cache une formule gouvernementale ; et toutes les jolies niaiseries de la carte de Tendre masquent des théories de cabinet ministériel, la Vita Nuova *ne raconte que la conversion du poète à l'antipapisme, car il se reproche plusieurs fois d'être né guelfe; la mort de Béatrice, pur emblème de la colère gibeline, quand Dante écrivit aux cardinaux* « *princes de la terre* ».

Cherchant les mêmes allégories dans la Fiammetta *et le* Filocopo *de Boccace, M. Rossetti attribue à Frédéric II la fondation d'une société secrète antipapiste; et toute la grande littérature italienne n'est plus qu'un vaste pamphlet politique. Quand Giovanna à Florence, puis Mandetta à Toulouse captivent Guido Cavalcanti, ces deux maîtresses sont la loge gibeline et la loge albigeoise. La Chanson des trois Dames représente les trois sectes persécutées.*

*Seulement une objection se présente très vive; pour qui a lu l'*Epistola sine titulo *de Pétrarque, on ne comprend plus qu'après tant d'audace il éprouve le besoin de cacher ses idées. Pourquoi Dante également aurait-il subordonné son grand poème à des insinuations si voilées, quand il ose toute sa pensée, dans le* De Monarchia?

Certes, l'imposante érudition de l'auteur donne une curiosité et une apparence de consistance à ses théories; mais une seule est vraie, quoique indéveloppée. De grandes vérités dites par les initiateurs de peuple tels qu'Orphée, Moïse, les nabis et Platon sont venues jusqu'aux poètes et penseurs mystiques de notre ère : ces vérités, que

M. Rossetti pressent sans les connaître, concordent avec l'enseignement romain, puisqu'on ne citerait pas dans le Dante, Pétrarque ou Boccace, au milieu de leurs vitupérations du clergé, une seule atteinte au dogme.

L'Alighieri a souhaité le temporel à l'Empereur et demandé une réforme du clergé romain, ces justes idées ne suffisent pas à le faire Vaudois.

On accorde qu'un tiers du Dante est incompréhensible, c'est beaucoup, à ne considérer que ses chansons qui sont à son œuvre ce que les quatuors à celle de Beethoven; là dans le plus intime de sa pensée nous allons chercher à faire de la lumière; en considérant Béatrice non pas en allégorie de l'Empire, mais en Luce comme il l'appelle, en initiatrice, directement née de Diotime; car la théorie de l'androgyne, unie à celle du péché originel, explique seule, par l'hypothèse d'une bisexualité primitive qui se reconstitue après la mort et l'expiation, ces paroles de la Vita Nuova : « Je ne peux louer Béatrice sans me louer moi-même, ce qui serait blâmable, car nous sommes refondus l'un en l'autre. »

*
* *

Parmi les XIX chansons de Dante qui nous sont parvenues, j'éluderai celles de la Vita Nuova, pour aborder les plus obscures insérées dans le Convito, et quelques autres éparses.

...V. Le jour que ma Dame naquit, selon ce livre de l'esprit qu'écrit le souvenir, j'éprouvai en mon âge tendre une passion inattendue qui me terrorisa tellement que je défaillis en entendant cette voix qui m'entrait dans le cœur. Or, si ma mémoire a bien inscrit, mon âme (non plus esprit) fut si remuée que l'Amour se présenta. Aujourd'hui Eros pleure et regrette le mal qu'il a fait.

VI. Quand m'apparut cette Béatrice si belle, aujourd'hui tout mon soupir, et que son incomparable vertu me fit voir invincible; elle dégageait du désir qui enlevait l'admiration et celle-ci enlevait à son tour toutes les autres facultés...

VII. Jeunes femmes de tant de beauté, d'un si beau regard Pensierose, à Eros soumises, je vous confie mes chants; partout où ils s'entendront et devant vous, je pardonne ma mort à cet objet suprême qui m'a féru sans pitié. »

A l'encontre des idées de Rossetti, Dante raconte que la pitié que lui a témoignée une autre femme l'a contristé autant que les refus de Béatrice; et il peint à ne pouvoir se méprendre sur le sens exclusivement sentimental :

« Le désir immense créé par cette longue et constante admiration à laquelle son âme s'est livrée. »

Reste-t-il quelque doute sur la passionnalité du poète?

« *Dames qui savez aimer, je veux parler d'elle; je ne la louerai pas, j'y suis impuissant, mais cela dégonflera mon cœur.*

Quand je pense à elle, si l'émotion ne me paralysait, ce que je dirais rendrait tout le monde amoureux. »

. . . .

II. Un ange a dit à Dieu : « *Seigneur, on voit sur terre une merveilleuse femme, d'une grâce si sublime que le parfum de son âme monte jusqu'au ciel; elle manque au Paradis, et le Paradis vous la demande, chaque saint la réclame par ses prières; et Dieu, plein de miséricorde, voit qu'il s'agit de ma Dame et dit :* « *O mes bien-aimés, laissez-la sur la terre, là où est Dante, cet homme qui dira aux damnés de l'enfer : j'ai vu l'espoir des bienheureux...*

. . . .

Nous allons retrouver Platon, en termes nets.

I. « *Amour qui irradies du ciel, la puissance comme le soleil splendifie, d'autant plus qu'il frappe un objet plus brillant; ainsi, haut Seigneur, tu chasses les bassesses du cœur, tu vaincs la passion vile comme un soleil fait fuir l'ombre et le froid. Tout le bien qui est dans le monde vient de toi; si tu ne nous stimulais, nous tomberions en inertie; tu es la flamme sans laquelle nous serions comme des peintres dans les ténèbres, impuissants à se servir de leurs couleurs.*

II. Ta lumière a frappé mon cœur comme le soleil absorbe l'étoile; aussi ai-je accepté ton vasselage, Eros. Lors une pensée s'est doucement insinuée en moi d'admirer toute belle chose, et suivant sa beauté.

Lors, j'ai vu une jeune Dame : elle est entrée dans mon esprit comme un rayon de soleil traverse l'eau pure et l'échauffe; et en rencontrant mon âme, son rayonnement me fait resplendir jusque dans les yeux de ma Dame. »

Ailleurs on se croirait à Rambouillet, trois dames, Droiture, Générosité et Tempérance veulent entrer dans le cœur de Dante, mais il est rempli par l'Amour. Droiture dit qu'elle est sœur de Justice et qu'elle a pour filles Générosité et Tempérance.

Un passage où M. Rossetti peut sans tort trouver une intention gibeline, fort claire du reste, « Chanson, qu'aucun homme ne porte la main sur ton symbole pour voir ce que ma belle Dame allégorise; que l'exotérisme lui suffise. Refuse le doux fruit où tendent toutes les mains et si tu rencontres un ami de la vertu, revêts les couleurs nouvelles; révèle-toi et donne le désir de connaître cette fleur si belle aux yeux. »

Maintenant Béatrice Portinari va se métamorphoser; nous sommes au second amour, exprimé dans le Convito.

O vous, intelligences qui mouvez le troisième ciel, écoutez les hésitations de mon cœur, à vous seuls je puis

d

les dire. Nobles créatures, le ciel qui vous suit me pousse en ce sentiment... je vous dirai le nouveau battement de mon cœur ; comment pleure mon âme triste, et comment un Esprit de vos rayons émanés parle, contre mon âme. Jusqu'ici une douce pensée vivifiait mon triste cœur, je voyais une Dame auprès du trône de Dieu, chanter si doucement que je me disais « allons reposer à côté d'elle ». Soudain ce désir disparaît, un autre lui fait place, le cœur me tremble, mon visage se contracte, mon cœur me crie : Qui veut voir le Salut (éternel) doit regarder cette Dame.

III... Malheureuse que je suis, — s'écrie mon âme, — comment a fui cette douce pensée qui me consolait... Non, tu n'es pas morte, mais seulement éperdue, âme qui te plains si fort, dit un ange d'Amour ; cette belle Dame a métamorphosé ta vie. Vois sa miséricordieuse douceur, qu'elle soit ta Dame de nouveau ; et tu verras des miracles de sa sagesse et de sa courtoisie.

V... Chanson, le nombre de ceux qui t'entendront ne sera pas grand. Si donc, par aventures, tu rencontres des esprits profonds, alors, je t'en prie, patiente, et dis-leur, ô chère dernière, née de mon esprit : « Faites au moins attention à ma beauté. »

Pour qui a compris le discours de Diotime, cela est facile à entendre, surtout si on en rapproche cette importante glose en prose du Convito : « J'affirme qu'après mon premier amour, je devins amoureux de la très belle et très honnête fille de l'Empereur de l'Univers, à laquelle Pythagore a imposé le nom de Philosophie. »

Béatrice Portinari n'est plus que ce souvenir de femme aimée, qui se retrouve sous le crayon de l'artiste, devenu exclusivement épris de son art.

Dante précise, à tout écrit, quatre sens : le littéral ; l'allégorique, que M. Rossetti a exagéré ; le sens moral, que M. Delecluze a bien vu ; l'anagogique, qui ne peut être donné que par un kabbaliste.

*
* *

Maintenant, les poètes néo-platoniciens postérieurs à Dante, vont défiler jusqu'à Shakespeare et jusqu'à Rossetti, dernier tenant de ce lyrisme si particulier ; et on sera frappé, malgré la réserve extrême de mes citations, d'y voir les charnelles images dans le genre sacré et l'expression pudique, apanage du profane ; apparente contradiction. La même imagination, qui semblerait une souillure de sang-froid, devient naturelle et simple, en amour ; quand la flamme monte, elle brûle les voiles, et la pureté de sa lueur est plus chaste aux esprits bien faits, que les vêtements coquets et tentateurs d'une pensée qui flirte avec son expression, et d'une phrase qui joue la Galathée de Virgile. .

« L'époux a une poitrine blanche et rose; il resplendit comme un soleil. Il m'a attirée tout entière à lui, et maintenant il ne se cache plus à moi. Il m'inonde tout le cœur de sa chaude haleine.

« Lorsqu'il parle, un flot brûlant coule avec ses paroles et je désire me retrouver seule dans ma chambre avec lui.

« Mon cœur est comblé de fleurs et de fruits; il succombe sous l'ardeur des luttes amoureuses; tous mes sens s'énervent à ce jeu dévorant : « Oh! qu'Amour se tempère, car je ne le puis supporter. »

J'extrais cela d'un des Laudi Spirituali, du Franciscain Jacopone de Todi, moine violent contre son pape Boniface VIII, mais dont la réputation de piété est bien établie.

En comparaison, cet hymne à la Vierge de Pétrarque : « Vierge bénigne et qui rejettes l'orgueilleux, sois-moi propice, miserere pour un cœur humblement contrit. Ah! si j'ai aimé, si longtemps et si ardemment un peu de terre mortelle, juge de ce que j'éprouverai pour toi si bonne et toute divine. Tu me régénères de mon abjection, ô Vierge, je purifierai pour te les dédier, mes soupirs, mes larmes, mes pensées et mes écrits; sois bénigne au changement de mon cœur.

Sois bénigne; l'heure va sonner fatale, peut-être bientôt; le temps fuit et ma conscience pressent la mort.

O Vierge incomparable et sainte, à ton fils homme

Dieu, recommande-moi, afin que mon soupir dernier monte dans la paix éternelle.

Quant aux Laudes de Savonarole, ils sont aussi déplorables que les cantiques contemporains; c'est de la bondieuserie chantée.

La Chanson d'Amour, composée par Jerome Benivieni, citoyen florentin, selon l'esprit et la doctrine des Platoniciens, *est trop longue pour être citée, elle développe la théorie du* Symposion.

En sortant de Florence par la porte San Gallo, à moins d'une lieue, à gauche de Fiesole, se voit une villa au toit saillant, à l'étroite galerie la pourtourant, que Cosme l'ancien fit construire; à l'ouest, les clochers de Florence, à l'est la Villetta del Pino, *où vivait Marsile Ficin.*

C'est à Carregi qu'ont eu lieu les derniers Symposion, sous les auspices de Laurent le Magnifique.

Il ne faut le juger comme poète, ni sur ses Canti-Carnascialeschi, *ni sur ses Laudes, composées à l'imitation de sa mère Tornabuoini, ni même sur son idylle l'Altercazione; ses chansons d'Amour, dont partie en l'honneur de sa Simonetta Cataneo, lui donnent seuls, son véritable plan.*

Le grand Michel-Ange n'a pas été souvent envisagé comme poète, et cependant son œuvre rimée n'est pas indigne de la main qui sculpta le Moïse et peignit la Sixtine.

Voici des madrigaux de ce génie sévère :

« *Amour, dis-moi, je t'en prie, si la beauté que je vois est devant mes yeux, ou seulement au fond de mon cœur; de quelque façon que je la regarde, son aspect est toujours beau. Toi qui me ravis toute paix, réponds : de ma Dame mon ardeur ne demande pas même un soupir.*

— Elle est belle comme tu la vois; mais cette beauté s'accroît lorsque, passant par les yeux, elle a été jusqu'à l'âme.

— « *Gage assuré de ma vocation, j'eus en naissant cet amour du Beau qui dans deux arts à la fois me guide et m'éclaire. Sachez-le, la Beauté seule élève mon regard, à cette hauteur de pensée où j'œuvre. Laissons les ignares vils ramener aux sens, cette beauté qui ravit au ciel la véritable intelligence; les infimes regards ne montent pas du mortel au divin.*

« *Mes yeux sont amoureux de tout ce qui est beau, et mon âme aspire au salut ; voilà mon double but. Des suprêmes constellations descend une splendeur qui attire à elle toute espérance ; et la seule espérance, c'est l'amour : un noble cœur ne bat, un noble esprit n'agit que par la magie d'un beau visage qui l'y convie.* »

Je ne puis résister à l'admiration qui me fait citer la chanson suivante, partiellement :

« *Parvenu aux termes de ma vie, comme une flèche à son but ; il est temps que toute ardeur d'amour en moi* s'éteigne. Je te pardonne tes anciens torts, Eros ; leur souvenir me défend de tes nouveaux coups.

« Une nouvelle beauté, penses-tu, me jettera dans ces rets périlleux qui nous menacent tous...; la pensée de la mort me garantit.

« Mon âme, délibérant avec elle-même, attristée de nouvelles cogitations, dans l'attente du dépouillement humain s'élance, par la pensée, flottante et craintive tout ensemble dans la voie de l'Éternité...

« Toute créature est impatiemment attendue par la terre et chaque heure détruit quelque beauté...

« Tyran cruel, veux-tu, qu'oubliant mes anciennes douleurs, je fasse de ce dernier jour, indispensable à l'expiation de mes fautes, celui de mon éternelle perdition ? »

Et cet admirable cri, à la mort de sa dame :

« La terre a recueilli ton beau corps; le ciel tes pensées saintes; le monde garde tes œuvres qui t'immortalisent et ses regrets hésitent en songeant, que le ciel ne pouvait t'assompter qu'en te faisant passer par la mort. »

On s'est souvent étonné que Vittoria Colonna n'ait répondu que spirituellement à la flamme du grand Buonarotti, sans réfléchir que, mariée à dix-sept ans au marquis de Pescaire, né la même année qu'elle, elle eut trente-cinq ans d'amour conjugal.

A seize ans, d'Avalos, prisonnier à Ravennes, composait un Traité sur l'Amour; son épouse n'a chanté que lui et Dieu. Ses Laudes sont alambiquées et froides mais ces accents d'amour ne seraient pas indignes d'un poète réputé.

« C'est ici que mon beau soleil (d'Avalos) si glorieux, chargé de royales dépouilles, se présenta à moi.

« Avec quelle tristesse, je reviens en ces lieux où il faisait tout resplendir. Nimbé de gloire, comblé d'honneurs, sa mâle figure et le calme de ses paroles confirmaient tous les bruits glorieux. Il me montrait ses cicatrices, disant comment, combien de fois il avait été victorieux.

Ailleurs, elle l'appelle « Ma Lumière ».

« Si je pouvais exprimer les pensées qu'il m'inspirait, j'embraserais mille amants, des feux chastes et éternels que j'éprouve. »

En Espagne, le Père Jean de la Croix appartient à notre étude. Son Cantique de la nuit obscure de l'âme est connu, et plus encore l'âme admirable dont il eut la direction.

A ne citer qu'un sonnet à Jésus crucifié, sainte Thérèse se révèle un des plus grands poètes qui aient existé!

« Ce qui me fait t'aimer, mon Dieu, ce n'est pas ton ciel que tu promets; ce qui m'empêche de t'offenser, ce n'est pas ton enfer si redoutable.

« Ce qui me meut, mon Dieu, c'est de te voir cloué et insulté sur cette croix; ce qui me meut, c'est la vaste plaie de ton corps, c'est l'horrible angoisse de ta mort.

« L'Amour que je t'ai voué me meut tellement, que n'y

eût-il pas de ciel, je t'aimerais; et n'y eût-il pas d'enfer, je te craindrais. Je me donne à toi, sans te rien demander; même sans espérer ce que j'espère, je t'aimerais encore autant. »

Je ne dirai rien de l'Hypnerotomachia, qu'a si bellement réédité Claudius Popelin; il faudrait trop de commentaires; ni de l'Astrée, que je ne considère pas comme œuvre platonicienne, quoiqu'elle relève de cette inspiration; ni du Tasse qui présente les mêmes idées sous les semblables images qu'on trouve dans Pétrarque; pour m'attarder un instant avec un poëte hindou du XVIIe siècle, dont les Ghazels sont admirables et très voisins d'inspiration des chansons de Pétrarque.

« Si je jouissais de ta présence, je comprendrais l'éternité. Les peintres, en te voyant, ont oublié leur art. Toute énigme a été déchiffrée; ton mystère reste seul impénétrable. Écoute-moi de l'oreille du cœur, divine maîtresse qui a fait sa résidence dans le cœur et l'esprit de Wally, comme la spiritualité dans l'expression matérielle. L'argent comptant de l'âme loyale paie seul la beauté, marchandise insigne...

« Ce n'est pas la brise qui agite tes cheveux, c'est mon souffle qui t'effleure d'amour. »

Le poëte du Dekan a dit quelque part : « Il faut effacer tous les livres de morale et les repousser, si le véritable Platon, Dieu, vient professer dans nos écoles.

Nous voici aux sonnets de Shakespeare; sont-ils adressés à un homme... ou à une femme, ou bien?... Peu lus en Angleterre, après y avoir été plus célèbres que ses drames, au temps d'Élisabeth, ils donnent cependant la clef de ce grand cœur, comme l'a dit Wordeworth. Une femme brune, un jeune homme blond; la femme une courtisane, le jeune homme grand seigneur. Q'importe l'adresse de ces sonnets, ils vont à tous les cœurs, à travers les siècles. Le pauvre Will apparaît là, pantelant d'humanité, triste, réduit à dire à sa dame : « Laisse-moi passer inaperçu dans la foule de tes amants, » il est jaloux des touches d'un clavecin qui ont le bonheur d'être caressées par les doigts de l'Aimée; il supplie que devant lui, elle ne fasse pas les yeux doux à d'autres. Puis, le poète conscient de sa puissance s'insurge « ne me pousse pas à bout, je pourrais te diffamer pour l'éternité! » et ces cris si poignants : « Comment domines-tu mon cœur, du haut de ton indignité? » Sa maîtresse le trompe avec son ami; il pardonne sans effort, de ce pardon de l'homme supérieur qui voit de trop haut pour ne pas avoir la pitié toujours prête à désarmer la rancune. Comme l'a dit François-Victor-Hugo en tête de sa traduction des sonnets, la meilleure qui soit en français : « Trompé en amour, Shakespeare se jette éperdu en amitié; » il parle « du mariage de nos âmes fidèles ». « Tu vivras deux fois, dans tes fils et dans mes rimes » et nous sommes en présence d'une application tellement grecque en apparence des théories de Diotime, qu'elle couronne pour ainsi dire le cycle néo-platonicien en le fermant.

Le néo-platonisme s'est augmenté de deux influences, que j'ai peu dites, parce qu'elles sont seulement affluentes à cette doctrine. Le cantique de Salomon a dû actionner l'Orient avant Platon et au XIIIe siècle, le culte de la Vierge a produit, dans les mœurs, une augmentation du culte de la femme.

Je pense avoir montré que si les poètes provençaux n'ont jamais été que des débauchés, les italiens ont donné à des entités métaphysiques les traits de la femme aimée : et devant le sort que font les mœurs modernes aux Dames d'un esprit androgyne, je me demande si le regret ne les prend jamais de cette survivance glorieuse qu'un poète peut décerner à l'Aimée.

Élisabeth Siddal a-t-elle au front la dernière couronne, que les mains d'un intellectuel tresseront, en cet Occident ennuyé, et bientôt vide de toute spiritualité; ou bien d'autres Béatrice vont-elles surgir, initiatrices de hauts esprits qui ont besoin d'un beau regard pour féconder leur œuvre et de sentir un cœur de femme soutenir de son battement fidèle, le vol de leur esprit ?

※

La moindre malveillance suffira — et un lecteur commence toujours par être un malveillant — pour trouver inutile la dissertation précédente. La lecture de La Maison de Vie *donnerait raison à cette critique si je prétendais montrer un Fidèle d'Amour dans le sens italien même de l'expression. Non seulement Gabriel Rossetti n'a vu Diotime qu'à travers Béatrice, mais le* Symposion *comme le* Convito *ne l'inspirent point, il ne se rattache qu'aux six chansons de la* Vita Nuova, *avec cette circonstance qu'il n'a ni second, ni troisième amour, pas plus que dans l'Intermezzo. Le vague ou l'obscurité de ses métaphores ne cache aucun sens anagogique; et dans les éditions anglaises on ne lui a pas donné la filiation que je lui trouve.*

Carlo-Dolci, bien distant de Michel-Ange et Pierre de Cortone, disparate de Raphaël, ces artistes de décadence appartiennent-ils pas l'un à la fin de l'École Florentine, l'autre aux derniers coups de pinceau de la Romaine; ainsi Gabriel Rossetti, en qui finit une évolution du lyrisme, ne présente que des caractères affaiblis, d'une physionomie un peu éteinte.

Si l'auteur de la Damoiselle Elue *n'exprime aucune*

des idées platoniciennes; le caractère de cette œuvre d'un unique amour se lie sentimentalement à la poésie de l'Italie Médiéviste; et les citations que j'ai faites de l'œuvre toscane aideront, je pense, le lettré encore inconscient de l'esthéticisme à pardonner au poète anglais, la vaghezza d'expression qu'il n'oserait reprocher à Guido Cavalcanti ou à un Dante.

Né à Charlotte Street, le 12 mai 1828, d'un père aussi fougueux conspirateur que nous l'avons vu déjà érudit éminent, il semble que la vision italienne transmise par le sang, se soit embrumée dans l'île saxonne.

Autant le père, homme d'action, lançait des chansons patriotiques et séditieuses, perdant par sa violence son poste du musée Borbonico et ne bénéficiait pas de l'amnistie, à cause de son poème sur le tyrannicide; autant le fils doux rêveur eut une vie retirée. Peintre qui n'exposait pas, inconnu au grand public, entouré de quelques fervents qui se disputaient ses toiles, il fut le peintre comme le poète délicat d'une élite très restreinte: toujours au pourchas de belles chimères, il ne fit pas de portraits mondains; son pastel ne fixa que des traits amis et intimes.

Il ne suffit pas pour juger un peintre qui a de si grands enthousiastes, de l'illustration de Gobelin Market et d'une photographie du Rêve de Dante: mais une similitude intuitive me le montre comme un Gustave Moreau

e

exclusivement inspiré par la première formule du génie dantesque. Comme Gustave Moreau, il ne voit pas le corps humain et se sert d'un magnifique poncif; mais comme le peintre de Salomé, en revanche, il n'a peint que les visions de son esprit, et cela même est une grandeur, en dehors du côté technique dont je ne puis décider que devant les œuvres elles-mêmes.

Gabriel Rossetti fut très précoce; à cinq ans, il fit une comédie l'Esclave *et il avait dix-huit ans quand il écrivit la* Damoiselle Élue, *sa pièce la plus citée.*

En 1870 seulement parut son premier recueil; il y a des notes très diverses; dramatique dans Sœur Hélène, *pathétique dans* Jenny, *subtil dans les sonnets; il influença Morisse et Swinburne, quoique ce dernier ait plus d'envergure qu'aucun des poètes contemporains anglais.*

On cite une prose mystique parue dans une Revue, avec ce titre obscur : La Main et l'Ame.

Fuyant les réalités de l'existence moderne, ne sortant pas d'un cercle de fidèles, charmant causeur, d'une amitié ferme, il a gardé dans l'attitude sociale, le rôle aristocratiquement féminin de son talent.

Tous les Rossetti sont de rares esprits; nous avons analysé les ouvrages du père; son frère Williams a traduit l'Inferno *en vers blancs et passe à juste titre pour un des premiers critiques d'art de l'Angleterre; sa sœur,* poétesse, a publié une étude sur le plan de la Divine Comédie.

En 1860, Gabriel Rossetti épousa Miss Elisabeth Siddal; il l'aima d'un indicible amour, pendant les deux années où elle vécut.

Paul Bourget, en ses Sensations d'Oxford, raconte que le poète, en l'excès de sa douleur, voulut qu'on enfermât dans le cercueil de sa Bien-Aimée, le manuscrit des poèmes qu'il avait faits pour elle.

Puis, quand la douleur se calma, Rossetti fit rouvrir la bière et reprit ses vers pour les publier.

Eh bien, j'estime superficiel ce sentiment presque unanime qui voit dans cet acte, le désir de la gloire retirant à l'amour un tribut de douleur si précieux. A mon sens, Rossetti a dû obéir encore à son amour : en reprenant ce manuscrit il a allumé sur le souvenir d'Élisabeth Siddal un rayon d'immortalité; et à tout considérer, quelle preuve de passion plus grande que d'éterniser par l'œuvre, son amour pour une femme.

En 1882, il alla vainement demander un raffermissement de santé, à la plage de Borchinston, près de Norgate.

Il fut inhumé dans le cimetière paisible du village. Derrière son cercueil marchaient seulement sa vieille mère, son frère Williams, sa sœur Christina et Waths le plus intime ami des dernières années.

Le charme de Rossetti est un charme de femme, il faut le subir et non l'expliquer. Sa poésie sensitive échappe à la caractérisation, comme un Corot.

*
**

Ce sont de petites mains, lecteur, qui vont t'ouvrir la Maison de Vie : elles ont écrit ces vers quattrocentistes sur une dernière épreuve :

> Tu poï sicuramente gir canzone
> Dove tia piace : ch'io t'ho si adornata
> Ch'assaï lodata sarà tua ragione
> Delle personne c'hanno intendimento
> Di star con l'altra, tu non hei talento.

Au seuil, lecteur je te laisse, face à face, avec la belle traductrice, qui a daigné prendre mon bras, pour entrer en littérature.

Paris, mai 1887.

JOSEPHIN PELADAN.

LA MAISON DE VIE

PREMIÈRE PARTIE

La Jeunesse et son Cycle

*
* *

Un sonnet est la consécration d'un instant,
Le souvenir que l'immortalité de l'âme
Imprime à une heure morte et pourtant éternelle.
Rite divin ou présage de malheur,
Qu'il soit toujours respectueux des difficultés de sa forme :
Sculptez-le dans l'ivoire ou l'ébène,
Selon que l'ordonnera le jour ou la nuit ; et que le temps voie
Son cimier se couvrir de fleurs et de perles éblouissantes.

Un sonnet est une monnaie : sa face révèle
L'âme, — son envers la Puissance qui la domine : —
Et nous savons ainsi à qui elle paie son tribut ;
Soit aux plus nobles Vocations de la vie, soit à la dot importante de l'Amour :
Ou si, sur la sombre rive au souffle pestilentiel,
Elle dépose dans la main de Caron le péage de la Mort.

*
* *

Un sonnet consacre l'instant fugace.

C'est l'âme communiquant son immortalité à une heure morte et la remémorant impérissablement.

Exulteur du hiératisme le plus céleste ou imprécateur de noires malédictions, le sonnet ne doit jamais s'affranchir de la difficulté technique qui le régit. Sculptez-le dans l'ivoire ou l'ébène, suivant qu'un sentiment lumineux ou sombre vous poindra, mais qu'à travers les siècles, son cimier apparaisse fleuri d'éclatantes gemmes.

Un sonnet se frappe comme une médaille : son avers révèle l'âme ; son revers la puissance qui l'émet.

On y voit si elle a cours pour l'impôt des nobles exigences que prélève la vie, ou si elle paie l'apanage élevé de l'amour ; ou si, enfin, destinée à tomber dans la main de Caron, elle doit sur la sombre rive, à l'air pestilentiel, solder le péage de la Mort.

LE TRONE DE L'AMOUR
Sonnet I

Mon regard a fixé toutes les forces que le cœur trouve nobles :
La Vérité aux lèvres respectueuses, et l'Espérance les yeux levés au ciel ;
Et la Gloire dont les ailes bruyantes attisent les cendres du passé
Et en font des phares lumineux pour effaroucher les oiseaux de l'Oubli ;
Et la Jeunesse conservant encore quelques rares cheveux d'or
Restés à son épaule depuis la dernière étreinte ;
Et la Vie tressant toujours des guirlandes pour parer la Mort.

Le trône de l'Amour ne s'y trouvait pas, mais bien au-dessus
De toutes les rafales violentes du Revoir et de l'Adieu
L'Amour se tenait dans des bosquets paisibles dont la splendeur dépasse le rêve ;
Quoique la Vérité ait la prescience du cœur de l'Amour et que l'Espérance soit son prophète,
Et que la Gloire soit enviable pour l'Amour,
Et que la Jeunesse soit chère à l'Amour et que la Vie lui soit douce.

LE TRONE DE L'AMOUR
Sonnet I

Ces Trônes vénérés des nobles cœurs, je les ai vus tous ensemble.

La Vérité aux lèvres pures, l'Espérance les yeux au ciel, la Gloire dont les ailes battantes attisent les cendres du passé, et les ravivent en phares lumineux qui effarouchent le vol de l'Oubli.

La Jeunesse aussi, son épaule dorée par les cheveux blonds qu'y laissa la dernière étreinte, et la Vie encore tressant des guirlandes dont la Mort se parera.

Bien au-delà se trouvait le Trône de l'Amour, si haut qu'il défie les violentes rafales de l'Adieu et du Revoir. Il se dressait en un bois que nulle brise ne trouble, et si caché que ces autres Trônes ne soupçonnent pas sa splendeur qui dépasse le rêve. Cependant la Vérité dévoile le siège de l'Amour, l'Espérance est son héraut, la Gloire lui est précieuse, la Jeunesse chère et la Vie douce.

LA NAISSANCE NUPTIALE

Sonnet II

Le désir qui triomphe des ténèbres en un resplendissement glorieux,
La mère qui contemple pour la première fois son nouveau-né,
N'ont pas plus de ravissement que n'en eut ma Dame
Quand son âme découvrit enfin l'amour qu'elle renfermait.
Né avec sa propre vie, dévoré d'une soif ardente
Et affamé d'exquis, l'amour en son cœur,
Cherchait la vie dans les ténèbres, lorsqu'une voix en ce jour
L'appela et brisa les entraves de sa naissance.

Maintenant à l'ombre de ses ailes, nos corps se lamentent
Ensemble, tandis que ses pieds entièrement développés parcourent
Le bosquet et que ses mains zélées préparent notre couche :
Jusqu'à ce que nos âmes délivrées de leur corps à leur tour par son chant,
Renaissent comme ses enfants et que la transformation nuptiale de la mort
Nous laisse comme lumière, l'auréole de ses cheveux.

LIT NUPTIAL DE L'AMOUR
Sonnet II

L'apparition du désir finissant une longue attente, la première contemplation de la mère devant son nouveau-né, sont moins admirables, moins souriantes que la révélation de l'amour au cœur de ma Dame.

Cet assoiffé d'ardeur, cet affamé d'exquis, bien que né avec elle et tapi dans son cœur, s'y est obscurément débattu jusqu'à l'appel qui le fit surgir, libre de ses liens brisés.

Maintenant, à l'ombre de ses ailes, nos visages s'attristent, tandis que, les pieds affermis, il court les bois et que ses mains zélées y préparent notre couche.

Jusqu'au dépouillement charnel, nos cœurs font la lamentation, mais enfants de l'amour, et à sa voix obéissants, ils renaissent; et dans la transfiguration nuptiale de la Mort, Eros nous laisse pour flambeau l'auréole de sa chevelure.

LE TESTAMENT DE L'AMOUR
Sonnet III

O toi qui, à l'heure de l'Amour, avec extase
Offres sans cesse à mon cœur
Enveloppé du feu de l'amour, ton cœur, testament de
   l'amour ;
Toi que j'ai approchée et dont j'ai respiré le souffle
Comme le plus pur encens du sanctuaire de l'Amour.
Toi qui as rendu témoignage de l'amour sans parole
   et soumise
A sa volonté, as confondu ta vie avec la mienne,
Et murmuré : « Je suis à toi, tu ne fais qu'un avec
   moi ! »

Oh ! que de grâce tu me fais, quelle récompense tu
   m'accordes
Et quelle gloire pour l'amour, quand,
Descendant les noirs degrés jusqu'aux sombres écueils
Battus par les ondes amères de la région des soupirs,
Tu apporteras la délivrance, quand tes yeux
Attireront mon esprit enchaîné jusqu'à ton âme.

LE TESTAMENT DE L'AMOUR
Sonnet III

Je suis venu à toi qui tiens toujours ouvert aux heures extatiques devant mon cœur, ton cœur, testament en lettres ignées, et ton haleine m'a semblé l'encens même du sanctuaire.

Tu as rendu témoignage à l'amour sans parler et dans un désir intense de lui obéir, tu as confondu ta vie avec la mienne, murmurant : « Je suis à toi, tu ne fais qu'un avec moi. »

Munificence de ta part, don précieux pour moi et Gloire à l'Amour ! quand descendant jusqu'à la rive amère semée des noirs écueils de la Région Soupirante, tes mains porteront la délivrance et que tes yeux attireront jusqu'en ton âme, mon âme jusque-là au corps enchaînée.

VISION D'AMOUR

Sonnet IV

Quand te vois-je le mieux, ma bien-aimée?
Est-ce lorsque dans la lumière, l'âme de mes yeux
Célèbre devant ton visage, leur autel,
Le culte de cet *amour* que seule tu as révélé?
Ou quand seuls tous deux, au déclin du jour,
Étroitement embrassés et éloquents par nos aveux silencieux,
Ton visage se voile sous les ombres du crépuscule
Et mon âme ne voit plus que ton âme devenue sienne?

O amour, mon amour! si je ne devais plus te voir,
Ni toi, ni ton ombre sur la terre,
Ni l'image de tes yeux dans aucune source,
Alors retentirait sur la pente obscurcie de la *Vie*
Le glas funèbre des feuilles mortes de l'*Espérance*,
Balayées par la rafale de l'aile éternelle de la *Mort*.

VISION D'AMOUR

Sonnet IV

Quand te vois-je le mieux, Bien-Aimée ?

Est-ce le jour, lorsque mon regard spirituel célèbre devant ton visage, comme devant un autel, le rituel d'amour que tu lui as révélé ?

Est-ce aux vesprées, alors que seuls tous deux, ne faisant qu'un et sans voix, les ombres crépusculaires descendent sur ton visage; et qu'à nous deux nous n'avons plus qu'une même âme ?

O Amour, mon Amour, si je ne devais plus te revoir, ni toi, ni ton ombre, ni le reflet de tes yeux dans les sources, quel glas lugubre retentirait alors sur la pente de la vie qui s'inténèbre dans le tourbillonnement des feuilles mortes de l'Espoir et sous le vent de la Mort aux ailes inlassables.

ESPOIR DU CŒUR
Sonnet V

Par quelle parole magique, clef des sentiers inexplorés,
Pourrai-je descendre au fond des abîmes vertigineux de l'Amour,
Jusqu'à ce que des flots d'harmonie me ramènent au rivage,
Comme cette mer qu'Israël traversa à pied sec ?
Car, écoute ! avec quelques pauvres phrases rythmées,
Je voudrais te dire, ma Dame, que de plus en plus
Je ne distingue pas ton âme de ton corps,
Ni toi de moi, ni notre amour de Dieu.

Oui, au nom de Dieu, au nom de l'Amour, en ton nom, je voudrais
Obtenir de ton cœur aimant une preuve aussi évidente
Que celle apportée au cœur par l'ensemble de toutes choses :
Tendre comme le premier feu de l'aurore sur la colline, ardente
Comme la sensation pénétrante,
A l'heure de la venue du printemps, de tous les printemps passés.

L'ESPOIR DU CŒUR
Sonnet V

Quel mot magique m'ouvrira les sentiers où nul n'a marché ? Pénétrerai-je jusqu'aux Arcanes de l'Amour ? Et d'harmonieuses vibrations me ramèneront-elles aux rivages, comme les eaux favorables s'écartèrent sous le pied d'Israël.

Écoute, Dame, ce que chante ardemment mon humble lyre ; elle chante l'identification de ton corps avec ton âme, de moi avec toi-même, de notre amour avec Dieu.

Oui, par amour de Dieu même, comme au nom d'Eros, par ton propre nom, je voudrais une seule preuve d'amour, mais telle que pour tout cœur aimant elle exprimât l'absolu de la Passion.

Je la voudrais aussi aurorale que le premier rayon de soleil sur la Colline, aussi intense que le fluide irradiant du Printemps qui vient et du Printemps qui s'en va.

LA CARESSE
Sonnet VI

Le dépérissement de la maladie, cette lente messagère de la Mort,
Les assauts furieux des épreuves de la Vie
Pourront-ils jamais dérober à mon corps sa gloire ou dépouiller
Mon Ame de la robe nuptiale qu'elle a revêtue aujourd'hui ?
Car à l'instant même les lèvres de ma bien-aimée ont joué
Avec mes lèvres, un duo plein d'harmonie,
Tel que l'eût envié Orphée couronné de lauriers,
Quand il essayait de retrouver son Eurydice au visage pâle et affamé.

J'étais enfant sous la caresse de sa main, — homme,
Quand son cœur battait contre le mien,
Génie, quand son esprit me pénétrait, —
Dieu, quand notre souffle s'unissait pour activer
Les battements de nos artères et précipiter les ardeurs jalouses de l'Amour,
Feu contre feu, désir dans la divinité.

LA CARESSE
Sonnet VI

La débilitante maladie, cette devancière de la Mort ; la vie mauvaise aux lassantes épreuves dépouilleront-elles jamais mon corps de sa Gloire et mon âme de la tunique nuptiale aujourd'hui revêtue.

A l'instant même, les lèvres de ma Dame ont vibré sur les miennes en une si suave symphonie qu'Orphée, au front lauré, l'eût enviée pour incanter d'un dernier chant le pâle fantôme de son Eurydice.

Enfant, sous sa caressante main ; Homme, dans l'enlacement de nos deux corps ; Génie, à l'illumination de son esprit ; Dieu même, quand nos souffles confondus incendiaient nos artères et que nos bouillonnantes ardeurs haletaient, fournaise dans la fournaise et adoration jusqu'en Dieu.

DÉFAITE SUPRÊME

Sonnet VII

A tous les esprits de l'Amour qui errent
Dans ses champs ensommeillés aux moissons de rêves
Apparaît ma Dame couchée; l'abîme
Appelle l'abîme; et nul autre homme que moi ne voit.
Le bonheur si longtemps éloigné, enfin si près
Est là sous ma main. Je crois que le fier Amour doit pleurer
Quand la puissance du Destin ravit de sa moisson
L'heure sacrée désirée depuis des années.

Aux premières étreintes, la main brûlante qui entoure maintenant mon cou
Avait appris au souvenir à se moquer du désir : et maintenant !
Les cheveux épars ruissellent sur ma poitrine,
A la place même où une boucle coupée a si longtemps avivé la douleur de l'attente :
Et près du cœur qui palpitait pour elle
La divinité de mon cœur repose dans une défaite souveraine.

DÉFAITE SUPRÊME
Sonnet VII

A tous les génies d'Eros errants le long de ces champs ensommeillés ou l'Amour a semé ses rêveries, ma Bien-Aimée apparaît couchée; l'abîme appelle l'abîme; et je suis seul voyant.

Le bonheur si longtemps irréalisable est donc là sous ma main. Le fier Amour pleure-t-il pas, ce semble, quand le Destin prélève sur sa moisson l'heure unique attendue pendant des années!

Cette main, maintenant collier de feu autour de mon cou, avait appris à mon cœur dès les premières caresses le dédain du Désir. Voyez ces cheveux ruisseler sur ma poitrine, là où une boucle coupée aviva longtemps la douleur de l'attente. Sur ce cœur qui palpita si fort pour elle, elle est maintenant couchée en une défaite suprême.

LES AMANTS DE L'AMOUR

Sonnet VIII

Quelques femmes aiment les joyaux de l'Amour
Et les flèches aux pointes dorées qu'il réserve à ses
 jeux innocents
Et qu'il lance aux heures de loisir et de dédain,
Et d'autres qui sous le charme des doux sons de son luth
S'approprient ses louanges harmonieuses et s'en van-
 tent;
Les unes apprécient sa vue voilée par un bandeau; il
 en est même
Qui ont embrassé les ailes qui ont apporté l'Amour
 hier
Et qui les remercient aujourd'hui de l'avoir emporté.

Ma Dame n'aime que l'âme de l'amour;
Aussi l'âme de l'amour a-t-elle pour toi, ma Dame,
Ses plus merveilleux bosquets de fleurs et de feuillage.
Il s'y agenouille et tout affamé de
Tes yeux voilés sous l'ombre de tes cheveux,
Il scelle sur tes lèvres son immortalité.

LES AMANTS DE L'AMOUR

Sonnet VIII

Il est des femmes qui aiment les joyaux d'Éros et les sagettes d'or qu'il décoche en ses jeux innocents, quand il paresse. D'autres, éprises de son luth harmonieux se prévalent, avec fatuité, de sa mélodieuse louange.

Telles apprécient le bandeau de l'Amour et telles autres qui avaient appelé la passion, la voient s'envoler avec soulagement.

Ma Bien-Aimée aime l'âme de l'Amour, aussi l'âme de l'Amour la couronne-t-elle de ses plus rares fleurs et lui ouvre-t-elle ses bosquets les plus merveilleux.

Éros s'y agenouille et enivré par tes yeux que tes cheveux obombrent, il scelle d'un baiser son immortalité.

PASSION ET ADORATION

Sonnet IX

Un génie aux ailes ignées a introduit un harpiste aux ailes blanches
Dans la retraite où j'étais seul avec ma *Dame*;
Disant : « Vois, ce ménestrel est inconnu;
Ordonne-lui de disparaître, c'est moi qui suis le ménestrel ici :
Mes refrains seuls sont chers aux *fidèles d'amour*.
Je répondis alors : « Malgré les chants passionnés de ton hautbois
Cette harpe fait écouter ses lamentations à ma *Dame*,
Et elle en trouve encore la mélodie suave et profonde ».

Ma *Dame*, reprit alors : « Tu es la *passion* de l'*Amour*,
Et lui l'*adoration* de l'*Amour* : Eros me les consacre tous les deux.
Ta musique triomphante parcourt les mers ensoleillées,
Mais sur l'onde pâle au fond des bois
Et sous la langoureuse clarté lunaire
Cette harpe m'attire et me subjugue.

PASSION ET ADORATION
Sonnet IX

Dans la retraite où je m'esseulais avec ma Dame, un Génie aux ailes flavescentes introduisit un harpiste aux blanches ailes, en disant :

« Voici un ménestrel inconnu : chasse-le, je suis le seul ménestrel dont les refrains soient écoutés des Fidèles d'Amour. »

« Couvrant les sons de ton hautbois mélodieux, cette harpe, lui répondis-je, chante ma peine ; et ma Dame en aime le doux rythme. »

Ma Bien-Aimée s'écria alors : « Toi, tu es la passion dans l'Amour ; lui représente l'Adoration dans l'Amour. Eros me fait rendre ce double culte.

Ton lyrisme triomphant traverse les mers ensoleillées. Cette harpe m'attire vers l'eau nocturne qui se plisse d'argent, aux rayons lunaires. »

LE PORTRAIT

Sonnet X

O Seigneur tout-puissant et miséricordieux,
O *Amour !* fais resplendir cette image de ma *Dame*
Sous mon pinceau, pour exalter son nom et pour révéler
De son âme même l'absolue perfection :
Pour que celui qui recherche l'apogée de sa beauté
Puisse au delà du rayonnement éblouissant de ses regards divins
Et des variations fugitives de son sourire enchanteur
Découvrir le ciel même et l'infini de son âme.

Voici l'œuvre. Au-dessus de son cou divin
La forme de la bouche évoque la parole et le baiser,
L'œil voilé d'ombre se souvient et regarde au delà.
Son visage est comme l'écrin de son âme. Que tous les hommes sachent
Que dans la suite des temps (ô *Amour*, c'est la grâce que tu m'accordes),
Ceux qui voudront la contempler doivent avoir recours à moi.

LE PORTRAIT

Sonnet X

Seigneur miséricordieux et tout-puissant, Eros, guide ma main : que ce portrait magnifie ma Bien-Aimée! Que la beauté de son âme y resplendisse!

Ceux qui voudront connaître la perfection de ses attraits qu'ils aperçoivent au-delà de ses tendres yeux, au-delà de son sourire, les célestes horizons de son âme.

Voici le tableau : un col de déesse, et cette bouche d'un si doux parler, d'un si doux baiser; et le clair obscur de ses yeux, où s'entre-croisent les souvenirs et les rêves.
Son visage n'est pourtant que l'écrin de son âme.
Au plus lointain avenir, Eros, exauceur de mes vœux, amène devant ce portrait ceux qui voudront voir quelle fut ma Bien-Aimée.

LA LETTRE D'AMOUR
Sonnet XI

Échauffée par sa main et ombragée par ses cheveux,
Tandis que penchée sur toi *Elle* répandait son cœur
   à travers tes lignes,
Et que ses sanglots distincts accompagnaient
Le flot noir et uni qui fait ressortir ta blancheur,
Douce feuille ailée, qui a même senti son souffle,
Oh! laisse ta chanson silencieuse me révéler
L'âme de ma Bien-Aimée en communion avec ses
   lèvres et ses yeux
Comme la musique avec l'Amour dont elle est l'écho.

J'aurais bien voulu la contempler (la bien-aimée)
   quand une pensée d'amour
Poussait sa gorge plus près de son écrit,
Et que les battements de son cœur en disaient les
   doux mystères.
Quand, à travers ses yeux un instant levés, son âme
   cherchait
Mon âme et que de cette soudaine rencontre
Jaillissait la plus divine expression de son amour.

LA LETTRE D'AMOUR
Sonnet XI

Feuille frêle et troublante, magnétisée par sa main, caressée par ses cheveux, quand elle s'inclinait pour y épancher son cœur et que, haletante de sanglots contenus, elle te couvrait de cette encre, qui te fait, papier blanc, si précieux à mon cœur.

Laisse l'âme de ma Bien-Aimée se révéler en cette silencieuse chanson, qui me rappelle le langage de sa bouche et de ses yeux, comme la musique semble l'écho de son Amour.

Oh ! la joie de la voir tressautant de passion et ses seins battant la page dans l'agitation des secrets de son cœur.

Les yeux un moment levés, son âme cherchant mon âme et de cette communion du désir naissaient de suaves expressions, véritables cris de son cœur.

LA PROMENADE DES AMANTS
Sonnet XII

Aucune brise n'effleure les tiges des haies doucement emmêlées,
En ce jour de Juin : la main se noue à la main ;
Les bois sont silencieux ; les visages qui se revoient sont à peine caressés par le Zéphyr ;
La rivière embaumée par le saule attire les cieux
Jusqu'en ses profondeurs ; les yeux se mirent dans les yeux ;
Sur ce paysage d'Été, de frais enchantements
D'ombre et de lumière ; puis deux âmes languissamment épandues
Sous un dôme céleste de sourires et de soupirs.

Tel est le sentier des privilégiés dont les corps s'abandonnent
Amoureusement dans une mutuelle étreinte,
Dont les cœurs ardents, dociles aux décrets élevés de l'Amour, se fient
A son cœur toujours fidèle,
Comme le bleu pâle des nuées
Se pose sur la crête azurée d'une mer sans écume.

LA PROMENADE DES AMANTS
Sonnet XII

En ce beau jour de juin, aucun souffle n'agite les frêles fleurs des haies, mièvrement emmêlées; la main s'oublie dans la main; silencieux dorment les bois et à peine si une brise vient rafraîchir les baisers.

La rivière que parfume le saule réfléchit le ciel en ses profondeurs; les yeux se mirent dans les yeux; et d'heure en heure, les frais enchantements du clair obscur changent en ce règne de l'été; le duo des âmes s'épanouit sous un dôme céleste, fait de sourires et de soupirs.

Tel est ce sentier où les corps s'enlacent, où les âmes, obéissant à l'impérieux Eros, s'abandonnent sur son cœur toujours fidèle.

Comme l'outremer des nues vaporeuses se pose sur l'horizon bleu d'une mer calme.

SYMPHONIE DE JEUNESSE
Sonnet XIII

« Je t'aime, douce amie, comment pourras-tu jamais savoir
Combien je t'aime ? » — « Je t'aime de même,
Et ainsi je le sais ! » — « Chère, tu ne peux pas savoir
Combien tu es belle ! » — « Si je le suis assez pour régner sur
Ton Cœur, mon amour n'en demande pas davantage, » —
« Mon amour grandit d'heure en heure, chère. » —
« Le mien grandit aussi,
Et pourtant depuis bien des heures l'amour me paraissait en pleine fleur ! »
Ainsi devisent les amants, puis les baisers réclament leur tour.

Ah ! bienheureux ceux pour qui de telles paroles
Ont servi de langage tout le jour de leur Jeunesse,
Heure après heure, loin de la cohue du monde,
De ses œuvres, de ses luttes, de sa gloire, de cette ligue des exigences de la vie,
Tandis que l'amour soupirait en silence
Son chant extatique à travers deux âmes confondues.

SYMPHONIE DE JEUNESSE
Sonnet XIII

« *Je t'aime, douce amie : sauras-tu jamais jusqu'à quel point je t'aime?* » — « *Je t'aime certainement de même.* — « *Chérie, seras-tu jamais consciente de ta beauté?* »

« *Être belle à tes yeux, voilà toute ma coquetterie.* »

« *Chaque minute augmente mon amour.* » —
« *Le mien aussi augmente; cependant depuis longtemps notre amour paraissait arrivé à son apogée.* »

Et, à ces propos des amants, succèdent les baisers.

Heureux qui a égrené ces adorables devis au temps de sa jeunesse, lentement, loin du monde railleur, loin de ses pompes et de ses œuvres, dans l'oubli des exigences de la vie. Et l'amour dans nos deux âmes confondues chuchotait son ode extasiante.

LE TRIBUT DU PRINTEMPS
A LA JEUNESSE

Sonnet XIV

Sur cette rive tranquille, je pose ta tête trois fois douce et chère,
Et je répands ta chevelure tout autour,
Et je vois les fleurs des bois à peine écloses aux yeux timides,
Regardant d'ici, de là, à travers tes tresses d'or.
Sur ces limites incertaines de l'année
Le pied du Printemps semble hésiter ; on distingue à peine
La fleur blanche de l'Aubépine sans feuille, de la blancheur de la neige ;
Et le vent a encore libre cours dans les bosquets.

Mais le soleil d'Avril se glisse dans les vallées aujourd'hui ;
Ferme tes yeux, tournés vers le ciel et sens mon baiser
Courir, comme le Printemps dans chaque bourgeon
De ta gorge brûlante à ta lèvre ardente :
C'est l'heure propice des fidèles d'Amour
Et l'heure fatale aux cœurs de glace.

LE TRIBUT DU PRINTEMPS
A LA JEUNESSE

Sonnet XIV

Sur cette rive paisible, laisse-moi poser ta gracieuse tête si chère et dénouer tes cheveux; les fleurettes des bois, à peine écloses, ouvrent leurs yeux timides sous tes tresses d'or répandues. Le pied hésitant sur cette frontière de l'année, le Printemps distingue à peine l'aubépine des flocons d'argent de la neige et, à travers le fourré, le vent se lamente encore.

Mais le soleil d'avril décoche aujourd'hui ses rayons sur la vallée; ferme tes yeux, pleins de ciel, et vibre sous mes baisers qui montent de ta gorge haletante à ta lèvre pâmée, comme la sève du renouveau fermente dans les bourgeons. Cette heure, qui ne sonne pas dans les cœurs de glace qu'Eros renie, est propice aux fervents d'amour.

LE LIEN DU SANG
Sonnet XV

N'avez-vous pas remarqué combien dans une famille
Deux enfants nés d'un premier lit
Restent unis par ce doux lien, alors même
Que le sein qui les a nourris, que le genou qui les a
　bercés sont par eux oubliés.
Pour les autres enfants de leur père, ils pourront se
　montrer
Bienveillants par leurs pensées et leurs actes, mais
　chacun
N'aura qu'avec l'autre, son vrai frère,
Une complète communion en pensées et en paroles.

Ainsi lorsque je t'ai vue pour la première fois, mon
　Adorée, j'ai compris
Que parmi les âmes alliées de la mienne, il s'en trou-
　vait encore une
D'une parenté plus étroite que celle reconnue par la
　vie.
Oui, née avec moi dans une région oubliée des hu-
　mains
Sans t'avoir jamais rencontrée dans les années de
　lutte et de bruit,
Je te reconnais comme une âme sœur.

LE LIEN DU SANG
Sonnet XV

Avez-vous pas remarqué l'union intime de deux enfants nés d'un premier lit, même après l'oubli du sein nourricier et du genou berceur. Ils seront seuls à se comprendre du cœur et des lèvres, quel que soit leur dévouement affectueux pour les autres fils de leur père.

En t'apercevant, mon aimée, j'ai vu que, parmi toutes les âmes sympathiques, une m'était plus étroitement apparentée que toutes celles rencontrées, le long de la vie. De mon âge et née loin de moi, je ne la connaissais pas encore, aux heures fiévreuses et bruyantes de la jeunesse; maintenant je reconnais en toi, l'âme sœur.

UN JOUR D'AMOUR

Sonnet XVI

Ces lieux privilégiés qui la connaissent si bien,
Et qui dédaignent ce lieu solitaire,
Sont eux aussi momentanément privés de ses charmes :
Elle est ici et nulle autre part; et tandis que l'amour, par son prestige,
Chasse de sa présence dominatrice
Comme une vile populace toutes les heures ennemies,
Les heures de l'amour font retentir les échos d'alentour
De leur suave et douce mélodie.

De nombreux souvenirs agitent
Les contours délicats et aimants de sa bouche, et allumées
Par une flamme tremblante, les paroles en jaillissent;
Tandis que nous demeurons assis, interrompant nos baisers,
Pour parler des souvenirs toujours vivants,
Ou gardant le silence, quand les choses oubliées nous sollicitent.

UN JOUR D'AMOUR

Sonnet XVI

Il est vide de sa grâce, ce lieu tout imprégné de sa fréquente présence et tout orgueilleux de ce privilège. Elle est près de moi aujourd'hui et le prestigieux Eros chasse par sa seule présence la vile succession des heures ennemies.

Les heures de la passion frappent mélodieusement les échos d'alentour. Les souvenirs font vibrer l'arc amoureux de ses lèvres qui lancent de troublantes paroles.

Côte à côte, au milieu des baisers, nous évoquons le passé ou bien nous restons muets sous la sollicitation des choses mortes.

LE TRIOMPHE DE LA BEAUTÉ
Sonnet XVII

Les palpitations de l'aurore dans l'infini des cieux, les dernières
Teintes pourprées du jour mourant,
Les merveilles multiples des atours de Mai,
Les chœurs harmonieux des oiseaux qui chantent les louanges de Juin,
Les variations de splendeur de la Nature ;
Tout cela peut-il rivaliser avec les innombrables séductions
Qu'offrent le visage et le corps de la plus adorable des femmes
Qui vient de traverser cette salle ?

Chacun de ses gestes était comme
Le vêtement ou le déguisement de l'Amour,
Des enchantements comme ceux du cygne, Ou du lys, la grâce d'une nacelle à la proue de cygne.
C'était une fête pour les yeux de celui qui soupire tristement aujourd'hui
Sur une nouvelle séparation ; ce sera une douleur réservée aux yeux futurs
Qui liront ces mots et qui ne l'auront pas vue.

LE TRIOMPHE DE LA BEAUTÉ
Sonnet XVII

Le cœur qui semble battre dans le ciel quand l'aurore apparaît; la dernière pourpre de l'agonie du jour; les prestigieuses féeries des toilettes de mai; le chœur harmonieux des oiseaux célébrant l'infinie variété des splendeurs de la nature entière : toutes ces merveilles peuvent-elles rivaliser avec les infinies séductions de ton visage et de ton corps, ô femme la plus digne d'être aimée, toi qui tout à l'heure viens d'illuminer ce salon en y apparaissant ?

Chacun de ses gestes exprimait ou déguisait l'Amour; c'était comme une merveille lyléenne; sa démarche faisait songer à une nacelle au col de cygne. Quelle fête pour les yeux de l'Aimé qu'alanguit aujourd'hui la séparation; quelle douleur pour ceux qui liront ces vers et qui ne l'auront pas vue !

LE GÉNIE DANS LA BEAUTÉ
Sonnet XVIII

Une beauté comme la sienne est l'égale du Génie.
ni les Chants
Sublimes d'Homère ou de Dante, —
Ni la main de Michel Ange sillonnant les zones du temps, —
Ne sont entourés de mystères plus harmonieux ;
Ni même par la marche bienfaisante du printemps ou de l'été
La vie exubérante ne lègue de plus nombreux dons,
Que ne le fait ce visage souverain, dont la magie d'amour se dégage
Même de son ombre sur le mur.

Ainsi beaucoup sont poètes dans leur jeunesse,
Mais pour l'âme seule, doucement vibrante, les cordes continuent,
A travers toutes les variations, le chant dominant ;
Ainsi les années venimeuses, dont la dent
Déchire et ruine la beauté superficielle sans pitié,
N'altèrent en rien le prestige de cette beauté.

LE GÉNIE DANS LA BEAUTÉ
Sonnet XVIII

Sa beauté tient du Génie.

Le verbe sublime d'Homère ou de Dante, la main de Michel Ange s'imposant à l'Éternité, n'ont pas de plus divins mystères que sa beauté. Non! la plus heureuse vie en son heure printanière ou estivale promet moins de volupté, que ce délicieux visage, dont la magie amoureuse se projette avec son ombre même.

Beaucoup sont poètes dans leur jeunesse, mais seule une âme vibrante reste virtuelle, malgré toutes les variations du Chant Dominant.

Les années envenimantes qui navrent sans merci la beauté superficielle de ma Dame, sont impuissantes devant la beauté.

SILENCE DE MIDI
Sonnet XIX

Tes mains restent entr'ouvertes dans les hautes herbes nouvelles, —
Le bout de tes doigts y apparaît comme de roses fleurettes :
Tes yeux sourient paisiblement ; les prés brillent ou se voilent d'ombre
Sous les nuées du ciel qui roulent comme des vagues.
Tout autour de notre nid, à perte de vue
S'étendent des champs aux fleurs d'or frangées d'argent.
Et le trèfle borde l'aubépine des haies.
Le silence s'affirme, muet comme le sablier indicateur du Temps.

Dans les profondeurs ensoleillées du taillis la libellule
Se balance comme un fil d'azur descendu du ciel ; —
Cette heure aussi est une faveur d'en haut.
Oh! serrons-la sur notre cœur, comme un legs éternel,
Cette heure intime, amie et discrète
Où un double silence fut un chant d'amour.

SILENCE DE MIDI
Sonnet XIX

Dans le vert naissant des herbes hautes s'enfoncent tes mains; la pointe de tes doigts rosit comme une fleur et le sourire de tes yeux s'allanguit.

Le pacage s'obscurcit et s'illumine sous un ciel traversé de nuages qui moutonnent comme des vagues, se groupent et se déroulent.

A perte de vue notre nid s'entoure de fleurs d'or frangées d'argent, et derrière les aubépines des haies, les vaches paissent leur trèfle préféré. On n'entend que le silence, égal comme l'écoulement du sablier.

Sous les taillis profonds où s'immisce le soleil, la libellule se balance comme un fil d'azur; et cette heure bénie nous vient de Dieu. — Oh! vivons-la en nos cœurs; bienfait inestimable, cette heure amie, où notre mutuel silence dit un si grand amour.

DOUX CLAIR DE LUNE

Sonnet XX

La lune devient plus solennelle au milieu de l'espace
Quand le ciel s'obscurcit et que son char entouré de
  nuages
Brille à distance d'une splendeur plus intense, —
Ainsi, ma Bien-Aimée, ta grâce rayonne avec plus
  d'éclat
Quand l'âme attristée te désire. Que dire de ce visage
Qui, semblable à une étoile entourée de ses satellites,
S'approprie le charme silencieux et pénétrant
De toutes les choses qui existent?

Au-dessus des nénuphars et des pollens sauvages du
  printemps,
Là où l'Iris élève sa gerbe couronnée d'or parmi
Les joncs fleuris aux feuilles lancéolées et sceptrales,
Je t'ai vue, déesse Diane, dans une brillante auréole
De nuages et de vagues prendre ton vol,
Et dissiper l'obscurité de la nuit comme ma Bien-
  Aimée dissipe l'angoisse du cœur.

DOUX CLAIR DE LUNE

Sonnet XX

La lune se solennise en montant dans le ciel obscurci et son char ennuagé, qui s'éloigne, irradie plus de lumière; ainsi ta grâce impérière, Bien-Aimée, rayonne plus éclatante sous le désir de l'âme navrée.

Comment dépeindre ce visage stellaire, illuminé d'un si mystérieux attrait qu'il semble contenir tous les charmes de la Création.

Au-dessus des nénuphars, et de l'aérienne flottaison des pollens, là où l'iris dresse sa gerbe d'or, ses feuilles lancéolées et sceptrales, parmi les joncs feuillus, je t'ai vue, Déesse Diane, décrire ton orbe dans une brillante auréole de nuages; je l'aie vue encore réfractée sur la vague marine et dissiper la nuit du ciel comme ma Bien-Aimée chasse l'angoisse de mon cœur.

DÉLICES D'AMOUR

Sonnet XXI

L'ombre vaporeuse de ses cheveux dénoués répandue
Sur ton visage ; ses douces mains
Enguirlandant gracieusement ta tête ;
Son sourire ému ; la douce évocation d'Amour
De ses regards ; le souvenir de ses tendres soupirs ;
La douceur de ses lèvres cueillie par tes baisers et
 répandue
Sur ses joues, son cou, ses yeux, puis rapportée
Encore à ses lèvres, s'acquittant par de nouvelles
 caresses.

Quoi de plus doux que toutes ces choses, si ce n'est celle
Dont l'absence enlève tout charme : —
La ferveur constante d'un cœur fidèle : le battement
 léger
Et le vol délicat de l'aile de l'esprit,
Alors que voyageant dans le cycle des nuages
Cette aile tressaille au contact de ses sœurs ?

DÉLICES D'AMOUR

Sonnet XXI

L'ombre mouvante de ses cheveux épars sur ton visage; la couronne de ses douces mains posées sur ton front; son sourire ému, le doux souvenir d'amour de ses regards, l'écho de ses soupirs discrets, la volupté cueillie sur ses lèvres et répandue en baisers sur ses joues, son col et ses yeux, puis ramenée à sa bouche qui rend toutes ces caresses :

Rien de plus doux, si ce n'est la qualité essentielle dont l'absence annulerait tout charme : la constante ferveur d'un cœur fidèle et le battement de l'aile de l'Esprit qui, s'envolant dans les nuages, est frôlé par le vent d'ailes sœurs.

LE GIRON
Sonnet XXII

Parfois elle est comme une enfant entre mes bras,
Effarouchée par des ailes sinistres que l'amour doit chasser ; —
Une averse de larmes silencieuses inonde son visage qui se cache,
Il se couvre d'une expression d'angoisse :
Parfois fuyant les souffrances cruelles de mon propre cœur,
Je cherche le refuge de son ardente étreinte,
La forteresse contre tous les maux
Et le trésor cachant les biens les plus précieux.

Et l'*Amour*, lumière de notre nuit et ombre de notre midi,
Nous apaise par ses chants berceurs et détourne
Les flèches des jours de mêlée et de tumulte.
Comme la lune montant dans l'espace,
le visage de l'Amour brille dans son chant ;
Et comme le murmure de l'eau sous les rayons lunaires,
Nos cœurs répondent par le refrain d'un « rondelay ».

LE GIRON

Sonnet XXII

Souvent dans mes bras comme une enfant, elle est absorbée d'idées sombres que l'Amour chasse ; au yeux des larmes lourdes et silencieuses ; elle détourne son visage où passent sans raison des ombres de tristesse.

Souvent dans l'affre de mon propre cœur, je me réfugie en son chaud giron, rempart contre tout danger et tabernacle de toute grâce.

L'Amour, soleil de nos nuits, ombre de nos midis, nous apaise et nous berce en chantant, et détourne la nuée de traits qui menace nos jours dans la mêlée de la Vie. Comme une lune croissante, son visage rayonne à travers son chant et comme le flot paisible clapote, aux rayons lunaires, nos cœurs battent à l'unisson.

LES COLIFICHETS DE L'AMOUR
SONNET XXIII

Je me trouvais là où l'Amour portait à pleines brassées
Des fleurs délicates et voluptueuses et des fruits, jouets
    folâtres :
Autour de lui des dames se pressaient en foule enfièvrée,
Tâtaient et goûtaient et offraient cette étrange récolte.
Dans la main de l'une les pétales et les corolles
Parlaient de sommeil; tandis que les grappes emmê-
    lées et les vrilles enlacées
Dans la main de l'autre avaient l'air d'une étreinte
    impudique, —
Présents qui faisaient rougir mes joues de honte.

Enfin l'amour ordonna à ma Dame de m'en offrir de
    pareils :
Et, tandis que je les regardais, sur eux la rosée devenait
    lumière;
Et quand je les pris, à son contact ils resplendissaient
De l'éclat céleste du cœur de la flamme.
Alors l'amour dit : « Vois quand c'est la main de ta
    Dame
Les hochets de l'amour sont ses fidèles messagers. »

LES COLIFICHETS DE L'AMOUR
Sonnet XXIII

Je rencontrai l'Amour ; il portait des brassées de fleurs voluptueuses et des fruits singuliers, hochets dérisoires.

Les dames l'entouraient avides à prendre et à manier cette récolte et à l'offrir. Les pétales et les corolles engageaient au sommeil dans les mains de l'une ; en celles d'une autre, les grappes emmêlées et les vrilles enlacées évoquaient l'idée d'une étreinte impudique, présents qui rougissaient ma joue de honte.

A la fin l'Amour ordonna à ma Dame de m'en offrir de pareils ; Je les regardai : la rosée y allumait de petites gemmes ; et, quand je les pris ils resplendissaient au contact de sa main de la couleur céleste qu'a le cœur de la flamme. Eros me dit : Regarde, sa main métamorphose ces hochets en symboles véridiques.

ORGUEIL DE JEUNESSE

Sonnet XXIV

De même que l'enfant, aux regrets que nous donnons
Aux morts, ne s'associe que de loin,
Se disant dans le bégaiement de sa pensée,
Que c'est leur tour de mourir et le sien de vivre : —
Ainsi le jeune Amour ailé sourit au contact
De la brise aurorale ébouriffant ses plumes,
Et dans sa marche triomphante ne jette pas un regard en arrière
Sur le linceul de tortures dont la nuit enveloppe le Vieil Amour qui fuit.

Chaque heure marque un changement,
Et la dernière primevère dépérit dans les champs
Le jour même où apparait le premier coquelicot.
Hélas! pour les changements de chaque heure! hélas! pour toutes
Les amours que la fière Jeunesse laisse tomber de sa main,
Comme les perles d'un rosaire maintes fois redit!

ORGUEIL DE JEUNESSE

Sonnet XXIV

L'enfant s'associe peu à nos deuils ; son jeune cerveau conçoit que mourir est le sort des vieillards, comme le sien de vivre.

Souriant à la brise aurorale qui caresse ses frémissantes ailes, le nouvel Amour ne regarde pas les tortures ténébreuses de l'ancien Amour et met sa gloire à marcher plus avant.

Une métamorphose marque chaque heure et la dernière primevère se fane dans les champs quand vermillonne le premier coquelicot.

Las ! le moment varie ! Las ! sous les doigts fébriles de la Jeunesse les amours s'égrènent comme les perles d'un rosaire coutumier.

HEURES AILÉES
Sonnet XXV

Chaque heure avant notre rencontre est comme un oiseau
Qui vole de loin et fait lentement son chemin le long
Du bois bruissant de mon âme, — lançant son chant
Aux trilles plus sonores à travers des feuillages plus frémissants :
Mais, à l'heure du revoir, une parole joyeuse
Est la seule note qu'il chante dans le langage même de l'Amour;
Cependant, Amour, tu sais que le doux refrain a souvent tort,
Et passe inaperçu, à travers nos joies ses rivales.

Mais que sera-ce de l'heure dernière quand, pour l'amour d'elle,
Aucune aile ne volera vers moi, ni aucune chanson ne sourdra :
Quand, errant autour de ma vie effeuillée, je saurai
Que les plumes ensanglantées sont éparses dans les taillis,
Et penserai qu'Elle aussi, loin de moi, des mêmes yeux
Regarde, à travers les rameaux muets, les cieux où ne plane plus aucune aile.

HEURES AILÉES
Sonnet XXV

L'heure qui précède le rendez-vous effleure mon âme du lent coup d'aile d'un oiseau voyageur, qui côtoierait le bois bruissant de mon âme, et dont le chant plus net s'entendrait à travers des feuillages plus agités.

Mais à l'heure du Revoir chacune de ses notes chante clair la Passion; et, tu le sais, Éros, le tort que souffre ce doux chant tombant, sans écho, dans nos extases muettes.

Je songe à cette heure dernière où nulle aile ne volera vers moi, ni aucun chant ne sourdra; où, piétinant sur les feuilles mortes de ma vie, je verrai les plumes ensanglantées éparses dans le taillis et penserai que, loin de moi, et d'un regard aussi las, elle regarde, elle aussi, à travers les branches mornes, un ciel que ne sillonne plus aucun vol.

EXTASE

Sonnet XXVI

O charmante et bien-aimée, ô mon amour, toi
Dont le baiser semble encore être le premier, dont les
　yeux suppliants,
Lever de soleil de notre monde d'amour, répandent
Toujours la lumière, dont la voix plus mélodieuse
Que toutes les modulations de la tourterelle cachée
　dans les bois profonds .
Est comme une main doucement posée sur l'âme;
Dont la main est comme une douce voix pour réprimer
Les sombres sourcils fatigués dont elle a la garde : —

Quelle parole peut répondre à la tienne, — quel regard
Au tien, qui absorbe maintenant dans sa sphère
Mon visage extatique et l'y reflète
Délicatement encadré dans un ciel de rayons d'une
　attirance magique ?
Quelle étreinte, quel baiser te révèleront le tréfonds
　de mon cœur,
O charmante et bien-aimée, ô mon amour ?

EXTASE

Sonnet XXVI

O charmante, adorable, Bien-Aimée !
O mon amour ! ce baiser n'a-t-il pas le parfum d'un premier baiser ? Tes yeux dominateurs se lèvent comme des soleils sur notre monde d'amour ! O chère, ton mélodieux parler plus roucoulant que celui des tourterelles cachées dans le feuillage a pour mon âme des doigts caressants et ta main spirituelle, gardienne de mon humeur, efface avec la douceur d'une parole, le froncement de mes sourcils. Que te dire qui te réponde ?

Quel regard assez profond plongera dans le ciel de tes yeux, où mon visage extasié se double et se nimbe de magique attirance.

Quelle étreinte ! quel baiser fera monter jusqu'à tes lèvres le tréfonds de mon cœur. O charmante, adorable, Bien-Aimée. O mon amour !

LE DOMAINE DU CŒUR

Sonnet XXVII

Parfois tu n'as pas l'air d'être seulement toi-même,
Mais la signification de toutes les choses qui sont ;
Une merveille surnaturelle qui projette au loin l'ombre
De quelque solstice céleste, silencieux et paisible ;
Dont les lèvres closes sont les accents visibles de la musique ;
Dont les yeux ouvrent à deux battants les portes de soleil de l'âme,
Hérauts de ses feux les plus intimes ; —
Essence de toute vie semée et fauchée.

Tel est l'amour ; et ton nom n'est-il pas Amour ?
Oui, par ta main le Dieu Amour déchire
Tous les nuages qu'amassent les artifices de la nuit,
Les précipite bien bas et fixe tes yeux au-dessus,
Et simplement comme un gage de fleur ou de gant ;
Il jette en souriant le monde en enjeu à ton cœur.

LE DOMAINE DU CŒUR

Sonnet XXVII

Parfois il me semble que tu es double, non pas seulement toi-même, mais l'essentielle signification de tout, idéale merveille qui projette au loin l'ombre d'un solstice silencieux et paisible. Tes lèvres, même fermées, sont mélodieuses ; tes yeux ouvrent toutes grandes les portes aveuglantes de ton âme, prophètes de ses feux cachés.

Essence évidente de toute vie semée et fauchée.

Tel est l'amour ; et ton nom n'est-il pas Amour ? Oui, le Dieu Éros se sert de ta main victorieuse pour déchirer les nuages qu'amasse l'artificieuse nuit ; il les repousse et les précipite, tandis qu'il fixe ton regard dans le ciel, et simplement comme une fleur ou un gant, il jette en souriant le monde, en enjeu à ton cœur.

IRRADIANCE DE L'AME

Sonnet XXVIII

Quelle autre femme pourrait être aimée comme toi?
Ou comment l'amour pourrait-il se rassasier de toi?
Après les plu. ineffables ravissements,
Comme au fond d'une profonde avenue
On voit briller une lueur de jour, apparaît
Au fond de tes yeux un désir encor plus intense, —
Un feu tel que celui que les mains de l'amour
Dérobent à son plus ardent foyer de lumière et de rosée.

Le voyageur qui triomphe avec le soleil,
Et qu'enivre la chaleur de midi est sensible pourtant
Aux merveilles qu'apporte la marée des étoiles
et trouve encore d'autres extases
Dans la naissance des heures limpides et légères de
    l'aube; —
Ainsi par tes yeux et ta voix ton âme inonde
Mon âme de la lumière variée d'un amour infini.

IRRADIANCE DE L'AME

Sonnet XXVIII

Quelle femme inspirerait un pareil amour et comment être jamais rassasié de toi?

Même après la plénitude des ravissements apparaît encore, faible rayon au bout d'une longue avenue, le désir toujours dardant dans le fond de tes yeux comme une de ces flammes célestes dérobées par les mains d'Eros à l'arc-en-ciel le plus rayonnant.

Le voyageur qui s'enivre des flots de pourpre du soleil et de la chaleur flamboyante de Midi n'en est pas moins sensible aux sublimes féeries de la nuit étoilée et aux extases gazouillantes de l'éveil du jour.

Ainsi tes paroles et tes regards irradient dans mon âme vibrante la lumière diversifiée d'un amour infini.

L'ÉTOILE LUNAIRE

Sonnet XXIX

Damoiselle, je te remercie de ta grâce,
Qui fait encore ressortir celle de ma Bien-Aimée.
Je contemple en admirant et t'accorde de joyeux bon vouloir,
Le tribut qui te revient; par l'enveloppe merveilleusement tissée
De ta vie délicate l'amour s'efforce d'assurer
L'empire absolu de ma Dame, disant : « Voyez
Combien grande est cette beauté, qui ne se montre cependant
Que comme royale adoratrice de cette autre beauté.

Damoiselle, je t'ai vue à ses côtés;
Quand les feux brillants de la nuit entourent leur reine,
Qu'une étoile jalouse approche la lune de trop près,
Son rayonnement s'efface dans un cercle resplendissant.
Ainsi t'éclipsant par son éclat,
Damoiselle, c'est elle encore, et non toi, qui triomphe.

L'ÉTOILE LUNAIRE

Sonnet XXIX

Je salue en toi, gentille Dame, la même grâce qui rend incomparable ma Bien-Aimée.

Je contemple en admirant et je te fais de bon cœur le madrigal que tu mérites.

Ta délicate beauté sert à Eros pour faire valoir la perfection de ma Dame.

« Voyez, dit-il, cette adorable créature qui ne se remarque pourtant que comme une suivante de ma Dame. Je t'ai vue à côté d'elle, gentille Dame. »

Les feux de la Nuit auréolent la lune et si une étoile envieuse veut l'éclipser en l'approchant, son éclat s'éteint dans l'orbe rayonnant.

Et, éteinte dans le rayonnement de ma Dame, toi aussi, gentille Dame, tu aides à sa victoire.

LE DERNIER RAYON
Sonnet XXX

Chère amour, à travers ton âme et la mienne quel soir d'été
Brille maintenant du reflet glorieux de toutes les choses possédées,
Depuis ce jour où un soleil d'extase embrasa l'occident,
Puis la lumière s'est adoucie et le feu s'est éteint ?
Laisse ton sein se soulever doucement,
Puisque, dans le port de l'amour, ce cœur aimant
Peut se mettre à l'abri de toutes les tourmentes,
tandis que nous nous anéantissons dans le repos,
Et que de mêmes rêves nous retracent le bonheur disparu.

Nombreux les jours que l'hiver tient en réserve
Sans soleil ou avec de si fugitifs rayons
Qu'ils peuvent à peine fondre la neige à travers les arbres dénudés.
Ce jour au moins eut les ardeurs de l'été,
Empourpré jusqu'en ses profondeurs éternelles
Et débordant de faveurs d'amour pour le parfait bonheur du cœur.

LE DERNIER RAYON
Sonnet XXX

En nos deux âmes, chère, se lève comme une estivale vesprée, la gloire des caresses données et reçues, depuis ce jour extatique à l'occident embrasé. La lumière s'est adoucie quand le feu s'est apaisé.

Respire en paix! au port de l'amour, ce cœur aimant se peut abriter des tourmentes, tandis que nous nous immobilisons dans le repos et que des rêves communs évoquent le bonheur passé.

L'hiver sera long, sans soleil ou avec de si faibles rayons qu'ils ne fondront pas la neige restée aux branches des arbres dépouillés.

Ce jour d'amour fut un jour d'été; le soleil l'empourprait jusqu'en ses profondeurs éternelles et l'emplissait de propicités à la complète béatitude.

SES CHARMES

Sonnet XXXI

Elle a la grâce altière, apanage des reines ; et avec cela
La simplicité suave d'une fleur des bois ;
Un regard comme une onde reflétant le ciel
Ou couleur de violette ombrée par la forêt ;
Un teint si délicat sur les joues que le cœur
En est subjugué ; une bouche dont la forme passionnée
Révèle les trésors d'harmonie et de silence qu'elle renferme ;
Une couronne royale de cheveux d'or bruni ;

Un cou élancé et fier, vraie colonne de l'autel de l'amour
A laquelle le cœur s'enlace quand il cherche son sanctuaire ;
Des mains toujours aux ordres de l'Amour,
Et des pieds qui courent légèrement pour répondre à ses appels : —
Voilà ses charmes, tels que la parole peut les rendre.
Soupire tout bas son nom, mon âme, il en dit plus que tout.

SES CHARMES

Sonnet XXXI

Elle a le charme altier, apanage des reines, uni à la touchante simplesse d'une bergère. Ses yeux bleuissent comme les eaux dormantes que regarde le ciel ou prennent la couleur des violettes fleuries à l'ombre des bois.

Ses joues ont une pâleur spirituelle qui trouble le cœur; sa bouche au dessin passionné chante la double séduction de sa parole et de son silence.

Sa chevelure la couronne d'or sombre; son col élancé semble la colonne du temple d'Eros qui soutient le cœur à la recherche de son sanctuaire. Ses mains se sont docilisées aux rites de l'amour : elle vole à ses appels.

Voilà ses charmes! ils dépassent toute parole humaine. Soupire son nom bien bas, ô mon cœur, car ce nom exprime l'absolu.

MÊME FOI
Sonnet XXXII

Tu ne peux pas auner notre amour avec la même mesure;
Comment pourrais-je être aimé comme je t'aime?
Moi, dénué de grâce, d'esprit, de tous
Les mérites qui sont dus à ta royauté; —
Toi, qui règnes dans le sanctuaire préféré de tous les cœurs,
Couronnée de guirlandes cueillies à chaque arbre,
Tressées, pour ta seule tête, par ordre d'Eros,
De toutes les beautés et de tous les mystères.

Mais tes yeux et tes lèvres expriment un doux reproche : —
« Je ne pourrai te moins aimer (dis-tu), que lorsque
Tu douteras de l'égalité de mon amour. »
Paix, douce Amie! si nous comparons la nature et non l'expression de notre amour,
La supériorité de ton cœur et l'exaltation du mien, —
Alors, c'est toi qui aimes mille fois plus que moi.

MÊME FOI
Sonnet XXXII

Tu ne peux mesurer à la même aune notre amour ; puis-je être aimé autant que j'aime, moi, sans goût, ni grâce et nu des mérites qui conviendraient à ta royauté ; toi qui hantes l'alcôve du cœur, enguirlandée de feuillages cueillis à chaque bosquet.

Ta tête seule, par décret de l'amour, a l'honneur de ces couronnes tressées de beauté et de mystère.

*Un doux reproche est sur tes lèvres et dans tes yeux :
« Je ne pourrai te moins aimer, dis-tu, que si tu doutes que mon amour égale le tien. »*

Paix, chère âme, voyons l'essence d'un sentiment et non sa fougue ; c'est-à-dire la transcendance de ton cœur plus admirable que la passion du mien, et cette transcendance te donne la supériorité sur moi, en amour.

VENUS VICTRIX
Sonnet XXXIII

Junon elle-même pourrait-elle avoir une attitude plus triomphante
Que toi, parmi les autres femmes couronnée de grâce? —
Ou Pallas, quand tu penches ton visage, reflet de ton âme,
Sur la page d'un poète et que tes cheveux te voilent d'or?
Parais-tu moins divinement belle que Vénus
Quand sur une mer d'extases et de tourments d'amour
Tu laisses planer ton sourire et confonds avec ton regard
Cette voix douce comme le murmure de la mer mourante?

Devant cette trinité de grâce divine,
Pénétré de respect, je demande quelle déesse réclame ici
Le prix qui, de quelque façon qu'on l'adjuge, t'appartient?
Eros murmure alors le plus doux de tes noms;
Et Venus Victrix s'offre elle-même à mon cœur
Comme l'Hélène victorieuse.

VENUS VICTRIX
Sonnet XXXIII

Junon elle-même pourrait-elle, en un pareil triomphe, égaler la majesté de ton attitude, ô souveraine parmi les femmes; ou Pallas, même, l'emporterait-elle quand, sur la page d'un doux poète, tu penches ton visage inspiré, nimbé de l'or sombre de tes cheveux.

Es-tu moins belle que Vénus; quand plane ton sourire sur la mer des extases perfides de l'amour, ou quand ta douce voix s'unit à la plainte de la vague expirante?

Devant cette triade de perfection, en profond respect, je cherche celle des trois déesses qui réclame le prix et je ne peux le décerner qu'à toi seule. Alors Eros murmure le plus doux de tes noms et Vénus Victrix s'offre à mon cœur comme l'Hélène victorieuse.

LE PRISME NOIR
Sonnet XXXIV

Je ne sais pas moi-même tout l'amour que j'ai pour
    toi :
Comment pourrais-je atteindre si loin, moi qui ne
    peux pas évaluer
La dot de demain par le gage d'hier?
La naissance et la mort et toutes les épouvantes,
Portes et fenêtres verrouillées contre une mer dé-
    chaînée,
Pourront-elles empêcher les vagues de m'assourdir et
    de m'aveugler de leur écume;
Et mon esprit percevra-t-il l'amour, — cette halte su-
    prême
Et ce poste avancé de l'éternité ?

Hélas! que suis-je à l'amour, ce seigneur souverain ?
Une coquille bruissante qu'il ramasse dans le sable,
Une pauvre petite flamme vacillante abritée par sa
    main.
Cependant par tes yeux il m'accorde la vocation la
    plus évidente
Et la perception la plus nette des plus nobles facultés,
Qu'une vie puisse concevoir dans son cercle d'heures
    fugitives.

LE PRISME SOMBRE
Sonnet XXXIV

A ma conscience même échappe l'amour que j'ai pour toi.

Comment pourrais-je en embrasser l'immensité, moi que les promesses d'hier n'avertissent pas des joies de demain?

Le naître et le mourir, ces sombres baies verrouillées, que bat une mer furieuse, empêcheront-ils la colère des flots de m'assourdir et leur écume de m'aveugler? et mon esprit montera-t-il d'un coup d'aile au sommet de l'amour, cet au-delà qui confine à l'éternité?

Devant Eros, le maître souverain, que suis-je? Une coquille bourdonnante ramassée sur le sable, la mince lueur d'une flamme abritée par sa main.

Mais par la grâce de tes yeux, je suis élu et je m'élève à la perception essentielle des causes qui se peuvent concevoir dans cette vie aux heures fuyantes.

TABERNACLE DE LUMIÈRE

Sonnet XXXV

Parfois je voudrais te trouver un défaut,
Pour t'aimer encore et quand même :
Cependant, comment notre Seigneur Amour pourrait-il retrancher une parcelle
A tes perfections, toi qu'il veut exalter au suprême degré ?
Hélas ! il peut seulement rendre mon pauvre cœur
Plus indigne aux yeux des hommes, alors que tu l'éclaires
Et que tu apparais encore plus exquise
Comme une fière chrysoprase enchâssée dans un sombre basalte.

Je ne veux pourtant pas me retirer; mais à l'autel de l'Amour,
Moi-même, dans l'irradiance de son auréole,
Je placerai ton cœur, comme une joyau éblouissant,
Dans ce sombre réduit qu'il daigne illuminer :
Oui, pour glorifier tes perfections,
Mon cœur est fier de montrer sa misère.

TABERNACLE DE LUMIÈRE

Sonnet XXXV

Parfois je te voudrais un défaut pour le mérite de t'aimer encore et quand même; cependant notre seigneur Eros ne peut rien retrancher de tes perfections, lui qui t'apothéose !

Las ! il ne peut qu'accuser aux yeux de tous l'indignité de mon cœur en t'y faisant rayonner et resplendir comme une chrysoprase enchâssée dans un sombre basalte !

Pieux, mais obstiné, je resterai pourtant devant l'autel d'Eros et dans l'irradiance de son nimbe, je placerai ton cœur, incomparable gemme qui étoile ma nuit; mon cœur qui te magnifie, et qui est fier de son infériorité devant toi.

LA VIE DANS L'AMOUR

Sonnet XXXVI

Ta vie n'est nullement en toi,
Mais aux lèvres, dans les yeux et sur les mains de ta
    Dame;
Par eux elle t'accorde la vie qui anime
Ce qui serait autrement l'esclave de la douleur et
    l'empire de la Mort.
Considère-toi sans elle et évoque
Le souvenir désolé et le doute poignant
De ta vie pleine des râles d'agonie
Des heures passées et des heures à venir.

De même que vit la pauvre boucle de cheveux
Qui, cachée comme un trésor, est tout ce que l'amour
    peut montrer
Des battements de cœur et des ardeurs d'autrefois;
De même une vie ignorée se continue dans l'ombre, où
Parmi les transformations de la Vie éternelle, gît
Cette chevelure d'or que la Mort n'a pu ternir.

LA VIE DANS L'AMOUR

Sonnet XXXVI

Ta vraie vie n'est pas dans ton corps, elle est aux lèvres, aux mains, aux yeux de ta Bien-Aimée, dont les vivifiantes caresses te défendent contre les fers de la douleur et de la mort.

Imagine que tu es seul et revis l'heure désolée, aux sinistres pressentiments, où tu râlais dans la double épouvante des maux passés et des maux à venir.

La boucle de cheveux, qui, pieusement gardée est tout ce qui reste de tes battements de cœur et de tes ardeurs d'autrefois, a toujours autant de vie.

Ainsi se continue une existence ignorée dans l'ombre où, parmi les transformations de la vie éternelle, gît cette chevelure d'or que la mort ne pourra décolorer.

CLAIR DE LUNE SENTIMENTAL

Sonnet XXXVII

« Puisque ce visage mort, disparu dans les plus lointaines années,
Qui était autrefois toute ta vie,
Peut à peine maintenant obtenir du flux des souvenirs
Une légère rosée de larmes pour ton âme,
Comment peux-tu regarder dans les yeux celle
Qui charme à présent ton cœur, et ne pas voir
Dans chaque prunelle l'eufraise magique de l'amour,
Qui rappelle le souvenir de la foi ensevelie ? »

« Non, amour compatissant, non, tendre pitié,
Ces deux appellations sont la proclamation
De tes deux voix les plus puissantes.
Non, Maître, la Mort ne rendra-t-elle pas ainsi manifestes
Les changements importants qu'approuve
La lune sentimentale qui initiera mon âme à l'amour ? »

CLAIR DE LUNE SENTIMENTAL

Sonnet XXXVII

Ce visage mort effacé sous l'estompe de lointaines années, fut autrefois toute ta vie. A peine maintenant amène-t-il le flux des souvenirs à verser une petite rosée de larmes sur ton cœur. En contemplant les yeux qui charment aujourd'hui ton âme, ne vois-tu pas dans chaque regard magique, comme l'Eufraise attractive, le souvenir vivant de la fidélité morte!

Non, Amour miséricordieux, non, tendre Pitié, et tu sais qu'en cette dualité je proclame deux de tes appellations les plus incantatoires. Non, maître! n'est-ce pas ainsi que la mort rendra manifestes les grandes variations qu'approuve la lune sentimentale, dont les rayons doivent initier mon cœur à l'amour?

LE MESSAGE DE DEMAIN

Sonnet XXXVIII

« Spectre, » ai-je dit, « ton nom est-il aujourd'hui ?
Fils d'hier, avec un front si abject ! —
Et Demain, peut-il être plus blême toi ? »
Tandis que je parlais, le silence répondit : « Oui ;
Dorénavant toute notre postérité sera sombre et affligée,
Et chacun rend à l'avance un témoignage triste
Comme celui des feuilles mortes sous les bourgeons renaissants,
Entassées par la nuit et déchiquetées par les rayons du soleil. »

Alors j'ai crié : « Mère de toutes malédictions,
O Terre ! reçois-moi dans ta couche de cendres ! »
Mais le silence ému m'a répondu :
« Vois, l'Amour ordonne à ta Dame de te recevoir une fois : —
Même deux fois — ta vie est donc ensoleillée ;
Et trois fois, — alors l'ombre de la nuit s'évanouit.

LE MESSAGE DE DEMAIN

Sonnet XXXVIII

« Fantôme, » ai-je dit, « ton nom est-il aujourd'hui? Fils d'hier, avec ton aspect repoussant? et Demain peut-il être plus livide que toi? » Comme je parlais encore, le silence répondit : « Oui. » Désormais notre sombre génération asservie à la douleur peut à l'avance déposer de sa tristesse, comme les feuilles mortes sous les bourgeons renaissants ou entassées par la nuit et lacérées par les flèches du soleil.

Alors j'ai crié : « Marâtre maudite, ô Terre, reçois-moi dans tes flancs d'argile. »

Le silence ému dit : « Écoute, Eros ordonne à ta Dame de t'accueillir encore une fois, même deux fois; ta vie aura donc encore du soleil. Trois fois! et le fantôme de la mort rentre dans la nuit.

RÊVES D'INSOMNIE

Sonnet XXXIX

Environnée d'ombres profondes, éclairée cependant
 par une étoile,
O nuit de désir, comme les nuits de la jeunesse!
Pourquoi mon cœur, sous l'influence de ton charme,
Pat-il maintenant comme le doigt de la jeune épousée
Palpite au contact de l'anneau nuptial?
Quelles ailes rafraîchissent mon oreiller?
Et pourquoi le sommeil, chassé par la Joie et la Pitié,
S'en va-t-il doucement et me regarde-t-il de loin?

Nuit aux voiles épais! L'Amour veut-il figurer en toi
Un bocage ombreux et frissonnant qui procure
Le repos des yeux et la mélodie de l'ouïe?
O Nuit solitaire! ne m'es-tu pas familière,
Bosquet tapissé de masques railleurs
Et arrosé par une averse de larmes brûlantes?

RÊVES D'INSOMNIE
Sonnet XXXIX

Dans ton ombre épaisse brille une étoile, ô Nuit désireuse comme la Puberté. Pourquoi mon cœur bat-il sous ton charme, comme tremble le doigt de la jeune épousée au contact de l'anneau nuptial?

Quelles ailes éventent si doucement mon chevet, et pourquoi le sommeil, chassé par la joie et la pitié, s'en va-t-il, un doigt sur les lèvres et me contemple-t-il de loin.

O nuit! forêt d'ombres! L'Amour figurerait-il en toi le bois frissonnant et mystérieux qui endort les yeux mortels avec un bruissement tendre? Nuit esseulée, je te connais trop, hallier peuplé de faunes grimaçants et trempé de larmes brûlantes.

AMANTS SÉPARÉS

Sonnet XL

Deux silences isolés et distincts,
Qui, réunis, seraient une voix aimante ;
Deux regards qui, réunis, se réjouiraient
Dans l'Amour, perdus maintenant comme des étoiles
  derrière de sombres feuillages ;
Deux mains séparées qu'un simple contact ferait
  frémir de bonheur :
Deux cœurs qu'une flamme mutuelle
Unirait dans une même étreinte ;
Deux âmes, rivages battus par les vagues des mers
  opposées : —

Tels sommes-nous maintenant. Ah ! puisse notre
  espoir nous prédire
Avec certitude une heure encore où, sur ce courant
Assombri, la lumière de l'Amour brillera de nouveau ?
Une heure si lente à venir, et si vite passée, —
Qui fleurit et se fane, et ne laisse
Qu'un rêve amoindri, subtil comme un parfum de
  fleurs flétries.

AMANTS SÉPARÉS

Sonnet XL

En une communion heureuse, deux silences tendrement éloquents ; deux regards joyeux de s'abîmer dans l'amour et qui ne se voient plus, comme des étoiles derrière le grand mur d'ombres de la forêt; deux mains dont une étreinte serait un frisson de joie, deux poitrines n'ayant qu'un seul cœur et une même flamme et qui dans l'embrassement se confondraient; deux âmes, rivages flagellés par les flots de deux océans contraires.

Tels nous sommes.
Ah! que l'espoir nous soit donné d'une heure d'amour encore, quand sur ce sombre courant la lumière luira de nouveau. Une heure lente à venir et si vite passée, qui fleurit et se fane, et ne laisse après elle qu'un rêve vague, subtil comme un parfum de fleurs mourantes.

LA MORT INITIATRICE A L'AMOUR
Sonnet XLI

Comme des nuées, courant haletantes sous la lune et lasses de fuir
Poussées par les vents qui désolent la plaine mordue par l'hiver,
Comme des affluents nombreux et multiformes
De la marée de la nuit, comme des terreurs engendrées
Par des feux crépitants et des mers sans voix
De même dans un miroir terni par notre souffle,
Nos cœurs distinguent de terribles images de la Mort
Des ombres et des écueils qui confinent à l'Éternité.

Cependant, à travers l'ombre menaçante de la Mort surgit
Une force plus douce qu'un courant d'eau sur lequel on glisse,
Plus caressante qu'une nichée de tourterelles.
Dis-moi, mon cœur, quelle porte gardée par des anges
Ou quel seuil au sol rafraîchi par des ailes qui vannent,
Reçoivent un hôte aux ailes de flammes
comme le tien, ayant l'Amour pour maître ?

LA MORT INITIATRICE A L'AMOUR
Sonnet XLI

Les nuées se pressent autour de la lune, lasses d'être poussées par le vent qui balaie la plaine que l'hiver désole.

Les émanations nocturnes fluctuent dans l'ombre, rendue terrifiante par des langues de feu et des vagues silencieuses.

Ainsi qu'en un miroir terni par notre souffle, nos cœurs distinguent de farouches images funèbres, des ombres et des écueils qui confinent à l'éternité.

Au-dessus de la ténébreuse menace de la Mort s'élève une Force plus berceuse que le cours d'une rivière et plus suave qu'un vol de tourterelles.

Dis-moi, mon cœur, la porte gardée par des anges, le seuil que des ailes éventent, reçoit-il aussi comme toi un hôte aux ailes flavescentes ayant pour maître l'Amour.

ESPOIR RANIMÉ

Sonnet XLII

J'ai cru que tes vêtements, ô mon Espoir, étaient
 gris,
Tant je te voyais à distance. Maintenant
Tu te rapproches; et vêtu de vert
Tu m'apparais aujourd'hui comme autrefois.
Ah Dieu! sans ce sombre et lent découragement
Sur tout le chemin parcouru, nos pas se seraient
Toujours rencontrés, et on eût vu nos ombres
Se confondre sur les haies et les cours d'eau.

O mon espoir, dont les yeux sont l'amour vivant,
Ne sont-ce pas les yeux de ma Bien-Aimée, —
O *Amour* et *Espoir* ne faisant qu'un! —
Penche-toi bien près de moi, car maintenant le soleil
 agonisant
Qui réchauffait nos pieds, dore à peine nos cheveux.
A elle ta voix et bien à elle ton nom!
Hélas, entoure-moi, car le jour n'est plus!

ESPOIR RANIMÉ

Sonnet XLII

De loin, ô mon espoir, ta robe me semblait d'un ton grisâtre, de près elle est verte et tu m'apparais aujourd'hui dans l'éclat de la jeunesse.

Ah Dieu! sans ce découragement, nos pas se seraient rencontrés dans tout le chemin parcouru et nos ombres se seraient confondues le long des haies et au bord de l'eau.

O mon espoir, toi dont les yeux irradiants d'amour sont ceux de ma Bien-Aimée! ô Amour et Espoir inséparables!

Penche-toi vers moi, le soleil couchant qui éclairait le gazon à nos pieds dore à peine nos fronts maintenant.

Oh! ta voix est sienne et ton nom est le sien. Las, étreins-moi, car la nuit tombe.

AMOUR ET ESPOIR
Sonnet XLIII

Bénis l'Amour et l'Espoir. Bien des années flétries
Ont tourbillonné autour de nous, tournoyant vers leur lugubre jugement dernier ;
Étroitement enlacés, au milieu des feuilles emportées,
Nous nous sommes longuement agenouillés et nous avons pleuré bien des larmes.
Pourtant ! une heure enfin, complice du Printemps,
Chante doucement pour nous dans les sentiers verdoyants :
Ces années, ces années sont mortes, mais elles seules :
Bénis l'Amour et l'Espoir, âme sincère ; car nous sommes ici.

Serrez-vous cœur contre cœur ; et ne demandez pas à cette heure
Si, vraiment, quand nous serons morts,
Nos cœurs se réveilleront pour contempler la tête lumineuse de l'Amour,
Soleil unique du monde éternel ;
Ou ne feront que distinguer à travers les traits indécis de la face de la nuit,
Les yeux trompeurs de l'Espoir, flambant enfin de mépris.

AMOUR ET ESPOIR
Sonnet XLIII

Que l'Amour et l'Espoir soient bénis.

Bien des années se sont flétries autour de nous, tourbillon d'heures, sous la lividité d'un jugement dernier.

Tandis qu'étroitement enlacés dans la jonchée des feuilles, agenouillés longtemps, nous avons beaucoup pleuré.

Écoutez sonner l'heure complice du Printemps qui répète dans le sentier verdoyant : les années seules sont mortes. — Que l'amour et l'espoir soient bénis, âme sincère, car nous sommes ici.

Serrez-vous cœur contre cœur et sans demander à cette heure, si après la mort, nos cœurs ressuscités comtempleront le nimbe d'or d'Eros, seul soleil du monde éternel ; ou distingueront à la douce lumière nocturne, les yeux pleins d'illusions de l'Espoir étincelant de mépris.

NUAGE ET VENT
Sonnet XLIV

Mon Amour, devrais-je craindre davantage la Mort
　pour toi ou pour moi ?
Pourtant, si tu meurs, ne puis-je pas te suivre,
Défiant les arrêts du ..ort ? Hélas ! qui
Pourra ravir une faveur aux décrets implacables de la
　nuit,
Jusqu'à présent, mon âme téméraire s'est vantée
　d'être
Sa garantie contre ce que sa hâte pourrait lui faire
　regretter ? —
Ah ! dans tes yeux ainsi atteints, quel adieu muet,
Quels abîmes ténébreux d'éternité désolée ?

Et si je meurs le premier, la Mort sera-t-elle alors
Une tour sans lumière, d'où je te verrai pleurer
Ou (malheur à moi) un lit dans lequel mon sommeil
N'entendra jamais (tandis que tu tariras enfin la
　chère coupe de la Mort),
Sonner l'heure où tu sauras aussi que tout est vanité
Et que l'Espérance sème ce que l'Amour ne peut
　jamais moissonner ?

NUAGE ET VENT
Sonnet XLIV

Mon aimée, dois-je craindre davantage la mort pour toi ou pour moi ?

Si tu meurs, ne puis-je pas te suivre au défi des arrêts du sort ?

Las! qui forcera une fois les implacables décrets de la nuit infernale ?

Mon âme téméraire s'est vantée de garantir mon amour dans sa course vertigineuse. Ah! dans tes yeux attristés, quel muet adieu, quels noirs abîmes d'éternelle douleur!

Si la Mort me prend le premier, m'enfermera-t-elle dans une sombre tour d'où je te verrai pleurer ou bien (malheur à moi) me frappera-t-elle d'un si lourd sommeil que je n'entendrai pas sonner l'heure où tu videras la chère coupe de mort convaincue de toute inanité, en voyant enfin que l'Eros ne trouve rien à moissonner, là même où ont eu lieu les semailles de l'espoir.

SÉPARATION SECRÈTE
Sonnet XLV

Tandis que nous nous entretenions du pouvoir des nuages sur le sort
Et du cours lunaire de la figure errante du Destin,
Ses baisers tremblants hésitèrent au seuil de l'Amour
Et ses yeux cherchèrent en songe un but lointain :
Mais comme je lui rappelai bientôt que toutes les joies sont éphémères
Et détruites à l'heure même de leur venue,
Son regard décidé se concentra plus avide qu'autrefois,
Et tandis qu'elle embrassait, sa bouche devint son âme.

Dans quels sentiers nous avons erré depuis et par quels efforts
Nous avons édifié, avec nos vœux éprouvés au feu, l'humble retraite
Que le souvenir hante et où le sommeil peut errer,
Ceux-là seuls le savent qui abritent leur amour
Dans le mystère calme et discret du bosquet,
D'où l'on n'aperçoit aucun clocher, et d'où l'on n'entend aucune cloche.

SÉPARATION SECRÈTE
Sonnet XLV

Nous nous entretenions de l'influence des astres sur la destinée, des évolutions de la lune ; et ses baisers émus effleuraient à peine mes lèvres et ses yeux rêveurs reflétaient un but lointain. Bientôt en songeant à la brièveté de la joie qui s'éteint d'elle-même, son regard fixe se concentra plus attentif encore, elle me baisa et sa bouche devint son âme.

Les chemins depuis parcourus, nos efforts pour édifier un abri à nos désirs purifiés par leur ardeur même, un abri où revienne le souvenir et que visite le sommeil ; ceux-là le savent pour qui le toit de l'Amour est un mystère muet et caché dans les bois, où nul clocher ne se dresse, où ne sonne aucune cloche.

ADIEU D'AMOUR

Sonnet XLVI

Que dire de ce jour de mêlée
Et du tumulte de guerre de cette nuit
Assiégée par tous les ennemis, alors que ni la vue
Ni l'ouïe n'annoncent le bien-aimé au loin ?
De ces heures, tes heures de défaite, que diras-tu,
Tandis que chacun de tes sens qu'elle ravissait,
Peine maintenant solitaire pour gravir les cimes ardues
  de midi
Et atteindre le lamentable désarroi du soleil couchant ?

Reste tranquille, pauvre esclave de l'Amour ! tandis
  que les artifices du souvenir
Font parader le passé devant toi et attirent
Ton esprit vers l'image adorée de ta Bien-Aimée
Et brisent les digues pour que la tempête
Ravage avec une sauvage puissance les abîmes de ton
  cœur,
Et que ton cœur te déchire et que ton corps souffre.

ADIEU D'AMOUR

Sonnet XLVI

O jour de lutte, tumultueuse et guerroyante nuit aux néfastes hantises, je ne vois ni n'entends venir la Bien-Aimée. O ces heures, ces heures de navrement, qu'en diras-tu mon cœur ? Elle extasiait tout mon corps ; et maintenant tout mon corps languit d'un désir solitaire depuis le Midi échauffant les collines, jusqu'à la grande lamentation du ciel, quand se couche le soleil.

Calme-toi, porteur infortuné des chaines d'Eros. Le prestigieux souvenir fait défiler le Passé devant toi, tu crois voir une ombre chère ! puis comme une tempête emporte les écluses, de sauvages sanglots jaillissent de ton cœur ; et ton âme se déchire dans ton corps épuisé.

MUSIQUE INTERROMPUE
Sonnet XLVII

La mère ne veut pas s'éloigner quand elle croit entendre
Le balbutiement de son nourrisson devenir distinct ;
Mais haletante elle détourne ses yeux avec orgueil
Et demeure immobile, les lèvres et les oreilles grand ouvertes,
Pour qu'il l'appelle deux fois. Au milieu des doutes et des angoisses
Mon âme a souvent écouté ainsi, jusqu'à ce que le chant,
Lamentation concentrée pendant de longs jours, trouve enfin des paroles,
Et que la douce harmonie et les douces larmes coulent à flots.

Mais maintenant bien que l'âme soit désireuse
D'écouter ce murmure accoutumé comme s'il était
Le bruissement bas, importun et inarticulé d'un coquillage,
Aucun chant ne s'entend, ta voix seule est ici.
O toi, si amèrement chérie! et tout ce qu'elle obtient
N'est que l'angoisse d'une prière inexaucée.

MUSIQUE INTERROMPUE
Sonnet XLVII

Saisit-elle, en son bégaiement, les premières paroles distinctes, une mère ne quitte plus son nourrisson.

Fière et tout émue, faisant la distraite, elle reste, assise, la lèvre entr'ouverte, l'oreille tendue pour s'entendre encore appeler.

Mon âme, cette douteuse angoissée, écoute souvent la sempiternelle et lamentable voix intérieure et quand elle devient distincte, mes larmes coulent doucement avec la mélodie.

Habitué à cette chanson du cœur, basse et monotone comme le bruissement d'une coquille, je n'entends que ta seule voix, ô amèrement Adorée.

Et tout ce que cette voix obtient, c'est l'angoisse d'une prière inexaucée.

LA MORT DANS L'AMOUR
Sonnet XLVIII

Dans le cortège de la vie passa une figure
Qui avait les ailes de l'Amour et qui portait son Gonfalon :
Merveilleuse en était l'étoffe et dessus noblement tissées
Ta forme et ta couleur, ô visage sans âme !
Des bruits mystérieux, pareils à ceux qui accompagnent le réveil du Printemps,
Frémissaient dans les plis de ta bannière et à travers mon cœur, sa puissance
Passait hâtivement et sans laisser de traces, comme l'heure oubliée
Où grinça le sombre portail de la naissance, et où tout fut nouveau.

Mais une femme voilée suivait, elle enroula
La bannière autour de la hampe pour la ployer et l'attacher,
Puis arracha une plume de l'aile du Gonfalonier
Et la présenta à ses lèvres qui ne l'agitèrent pas
Et elle me dit : « Regarde, il n'y a pas de souffle.
Moi et cet Amour ne faisons qu'un, et je suis la Mort. »

LA MORT DANS L'AMOUR
Sonnet XLVIII

Dans le cortège de la Vie passa une figure ailée comme Eros et précédée de son Gonfalon.

Merveilleuse en était l'étoffe, et dans les broderies étaient tissées ta forme et ta couleur, ô visage sans âme !

Des bruits mystérieux, comme ceux auxquels le Printemps s'éveille, agitaient ses plis, et, à travers mon cœur, passa sa puissance effleurante et fugace comme l'heure oubliée, où, criant sur ses gonds, la sombre porte de la naissance s'ouvrit sur le monde nouveau.

Une femme voilée suivait qui saisit la hampe, enroula la bannière, et l'attacha, en arrachant une plume de l'aile du gonfalonier. Puis elle la présenta à ses lèvres, mais son haleine ne l'agita pas. « Regarde, me dit-elle alors, il n'y a plus de souffle : Cet amour ne fait qu'un avec moi et je suis la Mort. »

LA SAULAIE
Sonnet XLIX

I

J'étais assis avec l'Amour sur un puits, à l'orée d'un bois,
Nous nous penchions sur l'eau, moi et lui ;
Il ne me parlait, ni ne me regardait,
Mais touchait son luth qui exprimait
La certaine chose mystérieuse qu'il avait à dire :
Nos yeux seuls se rencontrèrent silencieusement réfléchis
Dans l'eau profonde ; et ce chant devint
La voix passionnée que je connaissais ; et mes larmes tombèrent.

Et sous leur chute, les yeux de l'Amour devinrent ceux de ma Bien-Aimée ;
Et de son pied et de son aile
Il fit disparaître la source qui arrosait la sécheresse de mon cœur.
Alors les sombres rides de l'eau se métamorphosèrent en une chevelure ondulée,
Et tandis que je me baissais, les lèvres de ma Bien-Aimée émergèrent
Et inondèrent mes lèvres d'un torrent de baisers.

LA SAULAIE
Sonnet XLIX

I

A l'orée du bois nous étions, Eros et moi, assis sur la margelle d'un puits et nous nous penchions en silence absorbés : il touchait son luth qui résonnait, mystérieux.

Nos yeux reflétés au fond de l'eau se rencontrèrent muettement ; et sa mélodie se passionna comme la voix de mon Aimée, lors je pleurai.

Mes larmes en tombant dans l'eau me firent voir à la place des yeux d'Eros ceux de ma Dame.
Sous le pied d'Eros et à un battement de ses ailes cette source rafraîchissante à mon cœur desséché s'évanouit.

Alors les cheveux de ma Bien-Aimée ondulèrent dans les plissements de l'eau, ses lèvres émergèrent et les baisers débordèrent sur ma bouche.

LA SAULAIE
Sonnet L

II

Et alors l'amour chanta : mais son chant était
Si enchevêtré dans les filets des vagues souvenances,
Qu'il ressemblait à celui que les âmes désaccordées
    par le néant de la Mort
Peuvent chanter quand la nouvelle naissance tarde trop.
Et je vis alors une foule muette
Qui se tenait à l'écart, un fantôme par arbre,
Des fantômes désolés, car chacun était, lui ou elle,
L'ombre de ceux de nos jours sans lumière.

Ces fantômes nous regardaient et nous nous reconnaissions,
Tandis que serrés les uns contre les autres, vivants
    hors de l'abîme,
L'étreinte du baiser de l'âme torturée nous enlaçait
Et la pitié de chacun pour soi-même poussait des
    lamentations
Qui disaient : Une fois, une fois, une fois seule !
Et l'Amour chantait toujours, et son chant était
    celui-ci :

LA SAULAIE
Sonnet L

II

Eros chanta une ode confuse, pleine de ces vagues souvenirs qui vous obsèdent; on eût dit la complainte des âmes rendues démentes par la mort, quand tarde le jour de leur renaissance.

Au loin, une foule muette se profilait, chacun se tenait près d'un arbre, et tous se désolaient, car tous étaient des fantômes humains, — lui ou elle, — les ombres de nos jours sans vie. Ils nous regardaient et nous les reconnaissions.

Serrés les uns contre les autres, sortis vivants de l'abîme, le dernier et inexplicable baiser de l'âme torturée s'attachait à eux.

Tous pleuraient sur eux-mêmes et douloureusement disaient : « Oh ! cette fois, cette fois, cette fois seule. »

Eros chantait toujours :

LA SAULAIE
Sonnet LI

III

« O vous tous qui promenez dans le bois de saules,
Qui errez avec des visages hâves et blêmes ;
Quels abîmes de solitude pour les âmes veuves,
Quelles longues et toujours plus longues heures, quelle nuit éternelle,
Avant que vous puissiez encore, vous qui avez en vain sollicité
Votre dernier espoir perdu, qui avez en vain engagé
Vos lèvres à goûter leur inoubliable aliment,
Avant que vous puissiez encore revoir la lumière !

Hélas ! rives désolées du bois de saules ;
Ravagées par l'amertume des larmes, embrasées par un ferment de sang.
Hélas ! un semblable oreiller pourra-t-il jamais
Jeter l'âme dans un profond sommeil jusqu'à sa mort,
Mieux vaudrait l'oublier toute la vie,
Que de la voir errer prisonnière dans le bois de saules. »

LA SAULAIE
Sonnet LI

III

Pâles et lugubres promeneurs de la saulaie! Quel abîme insondable se creusera en vos âmes veuves; que vos heures seront lourdes et longues; combien interminable votre nuit avant que vous revoyiez la lumière.

En vain vous avez espéré, en vain vos lèvres se sont tendues vers l'inoubliable dictame.

Déplorable saulaie qu'obscurcit une pluie amère de larmes et toujours agitée d'un ferment de douleur.

Las! de cette torture, elle plongera cette âme dans le sommeil jusqu'à sa mort.

Mieux vaudrait oublier cette pauvre âme toute la vie que de la voir un jour errante et prisonnière dans la saulaie.

LA SAULAIE
Sonnet LII

IV

Il chanta ainsi : comme en se rencontrant les roses
S'entrelacent à travers les caprices de la brise
Sans se faner tout d'abord, mais vers la fin du jour
Les pétales qui entouraient leur calice empourpré se détachent un à un,
Ainsi le chant et l'étreinte s'évanouirent ensemble ;
Et le visage de la Bien-Aimée s'effaça dans les teintes crépusculaires ;
Les yeux se voilèrent de gris ; et de notre prochaine rencontre
L'Amour lui-même est ignorant.

Je me suis penché bien bas et j'ai bu
A longs traits dans l'eau où elle a disparu.
J'ai bu son souffle, ses larmes, toute son âme :
Et en me penchant j'ai senti le visage de l'Amour
Se presser sur mon cou avec un gémissement de pitié et de compassion,
Puis nos deux têtes se sont rejointes dans son auréole.

LA SAULAIE
Sonnet LII

IV

Eros chanta encore : Les roses rapprochées s'entrelacent sous la brise capricieuse, emmêlées jusqu'au soir, alors les pétales détachés du calice s'éparpillent ; — ainsi les baisers cessèrent quand mourut le chant.

Le visage de la Bien-Aimée se renversa noyé et grisâtre ; Eros lui-même ignore si nous nous retrouverons.

— *Je me penchai alors et bus ardemment dans l'eau même où elle avait disparu ; je bus son haleine, ses pleurs, toute son âme.*

Me penchant encore, je sentis Eros appuyer son visage sur mon cou avec un soupir de compassion. Puis nos deux têtes s'accolèrent dans son nimbe de lumière.

SANS ELLE

Sonnet LIII

Que dire de son miroir sans elle? il est vide et terne
Comme l'étang privé du visage de la lune.
Son vêtement sans elle? l'espace vide et agité
Par la course des nuages lorsque la lune a disparu;
Ces sentiers sans elle? l'empire assigné au jour
Usurpé par la nuit lugubre; Sa couche
Sans elle? des larmes, pauvre de moi!
Pour le pauvre amour et le froid oubli du jour ou de
la nuit.

Que devient le cœur sans elle? pauvre cœur,
Que reste-t-il de tes paroles avant que toute langue
soit muette?
Pauvre pèlerin transi, errant sur les routes glacées,
Harassé par les sentiers ardus; voilà ce que tu es sans
elle,
Et les traînées de nuages jointes à l'ombre du bois
Répandent une double obscurité sur la colline pénible à gravir.

SANS ELLE

Sonnet LIII

Ce miroir sans son reflet ?
Terne opacité de l'étang sans lune.
Cette robe sans son corps ? flottance vide comme la course des nuages par une nuit noire.
Ces sentiers sans sa présence ? les ténèbres lamentables usurpant le royaume du jour.
Les coussins qui gardent son empreinte sans elle ? Sujets de larmes, pauvre de moi ! Aie pitié, Eros, de l'oubli glacé de la nuit et du jour !

Que devient le cœur sans elle ?
O pauvre cœur, comment t'exprimer jusqu'à épuisement des paroles ?
Sans elle, pèlerin en des routes de glace, harassé par les escarpements, voilà ce que tu es.

Et les nuées immenses et l'ombre du bois répandent une double obscurité sur la colline abrupte.

FATALITÉ DE L'AMOUR
Sonnet LIV

Doux est l'Amour, mais redoutable le *Désir d'Amour*
Arrêté par l'implacable destinée. Unis dans les fers, je les ai vus
Se tenant par la main, garottés par les vaines aspirations de l'Amour :
L'un avait les yeux bleus comme l'azur du ciel :
Tandis que l'espérance orageuse comme un nuage de feu
Éclatait dans le regard de l'autre, semblable à celui dont la baguette
Aurait vainement sondé toute la nuit avec une puissance magique
Les antres jaloux recélant des trésors introuvables.

Ses lèvres aussi, comme deux flammes de torture,
Gémissaient disant : « Hélas! pauvre Amour ainsi enchaîné avec moi!
Tu étais né libre avec des ailes aux épaules et aux pieds,
Et moi ton autre toi-même effarouché, je me suis apprivoisé dans les chaînes
Et je me suis lié à ton corps et à ton âme et je me suis appelé de ton nom,
Cœur de pierre de la *Vie*, oui, *Fatalité* de l'*Amour*.

FATALITÉ DE L'AMOUR
Sonnet LIV

Le doux Amour devient terrible lorsqu'il se heurte aux impossibilités de l'implacable vie.

Je les ai vus enchaînés et la main dans la main, en proie aux aspirations impuissantes.

Les yeux de l'un, célestement bleus, s'étoilaient de l'ardence d'espoir; le regard de l'autre dilaté s'enflammait comme s'il sondait de nuit avec une baguette magique les antres impénétrables où gisent les trésors cachés.

Les lèvres brûlantes comme des gerbes de feu criaient en gémissant : Las, le voilà captif, le pauvre Amour né libre et doublement ailé au talon et à l'épaule :

Et moi, ton Ménechme effarouché, résigné aux chaînes, je me lie à ton corps et à ton âme et je m'appelle de ton nom qui est : Fatalité, vie implacable.

AMOUR MORT-NÉ
Sonnet LV

L'heure qui aurait pu être, cependant pourrait ne pas
 être,
Elle a été conçue et portée par le cœur de l'homme
 ou de la femme,
Par elle cependant la vie a été stérile, sur quelle rive
Ordonne-t-elle à l'Océan las du Temps, de se briser?
Enfant asservi de toutes les joies consommées, rendue
 à la liberté,
Elle sert et soupire quelque part, et muette devant
La demeure de l'Amour, entend à travers la porte
Le chœur harmonieux des heures d'élection d'Eros.

Mais regardez! quelles sont maintenant ces âmes
 unies qui, la main dans la main
Parcourent enfin cette plage éternelle,
Avec des yeux où le vivant souvenir réveille l'A-
 mour?
Oh! l'heure repoussée est revenue,
S'est élancée vers elle et a soupiré près de leurs vi-
 sages :
« Je suis votre enfant : O mes parents, vous êtes
 venus! »

AMOUR MORT-NÉ
Sonnet LV

Sur quel rivage ordonne-t-elle aux flots du temps de se briser, l'heure possible, éludable pourtant, où le cœur de l'homme et le cœur de la femme ont conçu et gesté l'amour, stérilisateur de leur vie.

Cette jeune heure asservie aux voluptés savourées est maintenant libérée. Elle soupire et, silencieuse au seuil de l'Amour, elle écoute derrière la porte, le chœur harmonieux des heures élues d'Eros.

Voyez, au contraire, ces âmes enlacées qui se prenant comme par la main promènent leur amour sur l'immortelle plage, les yeux illuminés de souvenirs.

Lors, l'heure courte et repoussée revient, s'élance vers elles et soupire tout près de leur visage : Je suis née de vous, ô mes engendreurs, vous êtes enfin venus !

LA VRAIE FEMME
Sonnet LVI

I. — SA PERSONNE

Etre plus suave et plus désirée que le printemps;
Posséder une beauté physique plus merveilleuse
Que le berceau de roses sauvages, couronne de la clairière;
Être une essence plus enivrante que
Le jus le plus exquis de la vigne; une mélodie plus extasiante
Que les battements passionnés des vocalises de Philomèle; —
Être tout cela sous la palpation d'un sein moelleux
Qui est le meilleur de la vie : quelle chose étrange !

Quelle étrange chose d'être ce que l'Homme ne peut connaître
Que comme un divin mystère ! l'écran du ciel même
Cache la profondeur la plus pure de son âme et son éclat le plus admirable;
Soigneusement dissimulés comme les choses les plus invisibles :
La perle enveloppée par la vague, la petite feuille verte, en forme de cœur
Qui mouchette le perce-neige sous la neige

LA VRAIE FEMME
Sonnet LVI

I. — SA PERSONNE

Sa suavité irradie plus de désirs que le Printemps. Sa beauté émerveille à l'égal du berceau de roses sauvages qui borde la clairière; elle enivre plus que le vin; l'harmonie qu'elle dégage emparadise mieux que les accords passionnés de Philomèle, son sein palpite comme une délicieuse fleur de vie : quelle merveille étrange!

Oui, quelle merveille étrange d'être ce que l'homme ne peut concevoir qu'en un divin mystère!

Le ciel comme un écran voile les pures profondeurs de son âme et les invisibilise, ainsi que la vague cache la perle et le blanc linceul de l'hiver, le cœur verdissant du perce-neige.

LA VRAIE FEMME
Sonnet LVII

II. — SON AMOUR

Elle l'aime; car son âme infinie est *Amour*,
Et lui son étoile polaire. La passion chez elle
Est un miroir reflétant les feux de son amant
Qui rend la chaleur et où le bonheur resplendit.
Changez de place ce miroir pour qu'il montre la
   flamme d'un autre,
Et immédiatement, par esprit contraire,
Il se transformera en glace sous la lune; tandis que
   son feu à elle
Brûlera d'une ardeur plus intense dans le cœur de
   son amant.

Voyez! ils ne font qu'un. Dans une étreinte nuptiale,
Les bras enlacés, elle sourit à tous les ordres
De l'amour, l'âme rafraîchie par de mutuelles ar-
   deurs :
Cependant quand le matin s'éveille ou que s'endort
   le crépuscule,
Ah! qui dira si elle ne trouve pas plus exquise
L'heure de la douce union fraternelle?

LA VRAIE FEMME
Sonnet LVII
II. — SON AMOUR

Elle l'aime; son âme est un infini d'amour polarisé vers le Bien-Aimé.

Sa passion, vivant miroir, reflète la flamme de l'Aimé et un ardent bonheur s'y mire, irradiant d'intensité.

Essayez de faire refléter à ce miroir la flamme d'un autre amour; sitôt il froidira comme la glace sous la lune.

Son feu pur ne brûle que pour celui qui l'a allumé.

Voyez son cœur d'épouse battre sur le cœur de l'époux, ses bras l'enlacer.

Docile à toutes les exigences amoureuses, son âme s'anime aux mêmes ardeurs. A l'éveil le matin, à la vesprée quand le jour tombe, qui niera que l'heure suprême n'est pas celle où elle met doucement sa main dans la main de l'Aimé, comme une sœur.

LA VRAIE FEMME
Sonnet LVIII

III. — SON CIEL

Si vieillir au Ciel c'est rajeunir
(Comme l'a vu et l'a prédit le Voyant), alors
Il aurait une jeunesse éternelle, celui dont le ciel serait
La Vraie Femme, celle que ces faibles notes ont chantée.
Ici et au delà, les accents harmonieux de sa voix,
Les orbes divins de ses yeux, doux emblèmes
Qui volettent autour du sanctuaire intime de son âme,
Ont été le paradis dans les mondes les plus anciens.

Le soleil s'épanouit et se fane sur la colline
Comme une simple fleur des champs ; et la foi la plus noble
Se change ici en poussière. Pourtant la promesse du Ciel soutiendra
Les Amants qui ont toujours chéri
Cette preuve d'amour : — dans chaque baiser vite échangé
De sentir le premier et de repousser le dernier.

LA VRAIE FEMME
Sonnet LVIII

III. — SON CIEL

Si l'éternité doit être un perpétuel rajeunissement, selon la parole du prophète, celui-là serait donc éternellement jeune qui aurait pour paradis la Vraie Femme que chante si imparfaitement cette poésie.

Maintenant et toujours, sa voix, chœur céleste, son regard divin, rayonnant autour du sanctuaire sacré de son âme, ont été le paradis dans les mondes les plus anciens.

Comme une fleur sur la colline, le soleil apparaît et décroît, la plus noble foi s'émiette; mais la promesse du Ciel appartient aux amants qui ont chéri cette preuve d'amour : sentir dans chaque nouveau baiser vite échangé, le premier sans croire au dernier.

LE DERNIER DON DE L'AMOUR

Sonnet LIX

Eros offrit à son menestrel une feuille brillante,
Et dit : « Le rosier et le pommier
Se glorifient de leurs fruits et tentent les abeilles avec leurs fleurs ;
Des flèches d'or se trouvent dans le panache
Du grand chef de la moisson et de l'année,
L'*Été Triomphant ;* et sous la mer tiède
Des végétations étranges et mystérieuses se dissimulent
Parmi les canaux qui filtrent à travers les profonds écueils.

Toutes ces floraisons m'appartiennent ; et
Je te les ai toutes offertes quand chantaient le Printemps et l'Été ;
Mais l'Automne s'attarde pour écouter avec angoisse
Ces tristes choses dont le vent se lamente.
Ce laurier seul ne redoute pas l'hiver :
Prends mon dernier don ; ton cœur à chanté mes louanges. »

LE DERNIER DON DE L'AMOUR

Sonnet LIX

Eros tendit à son ménestrel des feuilles luisantes et lui dit : Rosiers et pommiers sont fiers de leurs fruits et de leurs fleurs qui attirent les abeilles.

L'Été, ce moissonneur qui commande l'année, triomphe par les flèches d'or de ses blés; le corail se cache dans les méandres des profonds écueils.

Toute cette flore m'appartient et je te l'ai toute donnée au printemps et en été; mais voici la mélancolique automne aux brises tristes. Prends ce laurier, il résiste à l'hiver, c'est mon dernier présent, ô mon ménestrel louangeur.

LA MAISON DE VIE

DEUXIEME PARTIE

Le Destin et son Cycle

VIE NOUVELLE

Sonnet LX

Le développement des formes ou un regard fugitif
Rappellent dans les traits de l'enfant
Le double visage du père et de la mère, —
Doux échange que le souvenir rend encor plus précieux :
Et pourtant quand les années passent et que la jeunesse avance,
Les empreintes premières s'effacent peu à peu,
Et dans cette fusion de ressemblance nous trouvons alors
La physionomie distincte d'un homme ou d'une femme.

Ainsi dans le chant, la joie ou la douleur du chanteur,
Ses vrais parents prennent plus d'expansion
Pour ordonner à la passion arrivée à son apogée,
De se laisser subtilement modérer par les métamorphoses de l'art :
Et de ce nuage d'harmonie ayant la forme d'une main d'homme
Il vient un son, comme celui d'une abondante pluie.

VIE NOUVELLE

Sonnet LX

La Croissance, une expression de physionomie évoquent à la fois sur un visage d'enfant, la double ressemblance du père et de la mère, douce simultanéité qui attendrit le souvenir. — Les années passent, l'Enfant devient homme et le type se modifie ; le sexe en se précisant dédouble cette similitude.

N'entendez-vous pas ces deux voix du sang chanter dans la poésie du ménestrel.

Joyeux ou triste suivant que la passion en pleine envolée se modère, selon les transfigurations de l'art.

De cette nuée d'harmonie, où se sent la force d'une main virile, s'épand abondante et douce, une pluie mélodique.

LAMENTATION SUPRÊME

Sonnet LXI

Ton chant pour engendrer les larmes doit faire couler
 les tiennes,
O chanteur ! tu n'as d'autre miroir magique
Que ton vrai cœur ; et hors de tes propres angoisses,
Ou passions, aucune autre amulette.
Emprisonnée par l'orgueil, la poésie est le jet ailé
Des sources sans âme ; que le vent lance au loin
 encore plus desséchant
Que la mer morte pour les lèvres qui soupirent et qui
 sont altérées ;
Est ce chant qui n'a jamais humecté les paupières d'un
 chanteur.

Le Dieu du chant, — Lui le Dieu du soleil — n'est
 pas ton esclave :
Mais ton Adversaire, celui qui pour ton âme
Empenne ses flèches : à la merci,
De ta main habile il n'a pas donné les munitions de
 son carquois ;
Mais si le cri aigu de tes lèvres vibre sur sa plaie,
Le trait inspiré transpercera en retour le cœur de ton
 frère.

LAMENTATION SUPRÊME

Sonnet LXI

Pour que les paupières soient mouillées, pleure, ô chanteur ! Ton miroir magique, c'est ton cœur même ; tes amulettes si puissantes, ce sont tes angoisses et tes passions.

Tes vers comprimés par l'orgueil ne sont plus que le jet s'envolant en poussière humide des fontaines avares.

Le flot de la mer morte rebute moins le soupirant altéré que cette ode qui n'a jamais mouillé les paupières du chanteur.

Le solaire Apollon, Dieu du rythme, n'est pas ton esclave, il poursuit et vise ton âme de ses flèches empennées.

Il n'a pas confié son carquois plein de traits à ta main habile, mais si le cri aigu de tes lèvres vibre jusqu'à sa blessure, la flèche inspirée rebondissante, alors, transpercera le cœur de ton frère.

LA SPHÈRE DE L'AME

Sonnet LXII

La lune captive en d'escarpés palais de nuages,
Reine intronisée et prisonnière; le soleil mourant sur
   son bûcher
En un immense et immémorable embrasement;
Qui n'a soupiré après ces spectacles et n'en a nourri
   son cœur?
Qui n'eut, en insomnie, l'angoisse d'apaiser
Le royaume tragique des ombres de bruit et de vision,
Configurés dans la lamentable nuit?...
Oh! la sphère des images infinies de l'âme!

Quel esprit les comptera? qu'elles présagent
Les heures ailées et roses qui voltigent devant
La brève et muette durée de l'indévoilé Amour,
Visions d'un lumineux futur; ou que ce soit cette
   image finale
Signification d'un long passé
Qui fulgure et qui tinte aux sens d'un homme se noyant.

LA SPHÈRE DE L'AME

Sonnet LXII

Captive en son palais de nuages, la lune paraît une prisonnière entrônée.

En d'immortels embrasements le soleil immense meurt sur son bûcher. — Voilà les spectacles du désir et du rêve. — Qui n'a voulu, dans l'insomnie, apaiser l'angoisse qui peuple l'ombre tragique de bruits et de fantômes grouillants dans la nuit lamentable. — O sphère des reflets de l'âme infinie, qui sera ton énumérateur ?

Présageurs des heures ptériennes et rosées, au pied léger, dont la courte durée laisse son secret à l'amour ? ou bien évocateurs d'un avenir de lumière ? ou prémisse de ce dernier moment significatif d'un long passé qui fulgure et sonne aux sens, comme au nageur l'instant où il se noie.

INCLUSIVEMENT

Sonnet LXIII

Les hôtes qui passent, chacun d'humeur variée,
S'assoient à la table, au bord du chemin, puis se lèvent
Et chaque vie parmi eux est comme
La table de l'âme, servie chaque jour avec de nouveaux mets.
Quel homme s'est jamais penché sur son fils endormi pour étudier
Comment ce visage veillera sur le sie... glacé par la mort ? —
Ou, tandis que sa mère lui baisait les yeux,
A pensé à ce qu'était le baiser de sa mère quand son père l'épousa ?

Dans cette antique salle où tu es assis, ne peut-il pas habiter
Avec des existences différentes, des âmes destinées à la joie ou à la douleur ?
Tous ses recoins peuvent être tout simplement peints
Si le ciel y montre les images d'une vie bien remplie :
Ou peuvent être vainement ornés de souvenirs
Pour la vue des yeux brûlés par les flammes de l'enfer.

INCLUSIVEMENT

Sonnet LXIII

Les hôtes qui passent disparates d'humeur se refectionnent au bord du chemin, puis s'en vont. — La vie est une table où chaque jour sert à l'âme un nouvel aliment.

Un père penché sur son fils endormi ne voit-il pas ce visage veillant sa propre mort? — Quand sa mère le baisa sur les yeux, ne pensa-t-il pas au baiser d'épouse qu'elle donna, en s'unissant à son père?

Tu es assis dans une antique salle où des âmes cohabitent qui furent séparées pendant leur vie, heureuses ou malheureuses. — Oui, ces murs sont beaux de leur nudité; le ciel y déroule la fresque d'une vie vraiment vécue.

Pourquoi les orner pour ces yeux damnés dont la paupière ne se baisse jamais, pour le regard intérieur.

SOUVENIR ET PASSION

Sonnet LXIV

Le trille du rossignol, la palpitation du printemps,
Le rougissement du bouton de rose qui disparaît quand
   il s'épanouit
En rose aux mille pétales qui ne rougit plus :
Les nuées de l'été qui colorent toutes les ailes
Avec les feux du soleil levant et du soleil couchant ;
Le furtif scintillement des ruisselets qui brille à la
   lumière
Dans l'air neuf et dans les ardeurs vivifiantes du matin,
Tandis que toutes les filles de l'aurore chantent : —

Voilà ce qui ranime l'amour et le souvenir :
Et quand les joies se sont toutes envolées et qu'à tra-
   vers les sombres ramées
Le vent s'élance à tire d'aile, brandissant la lumière,
Alors le feuillage solitaire du rosier
Rougira faiblement, bien que la rose ait disparu ;
Et l'on entendra des ballades et des chants funèbres
   indéfiniment.

SOUVENIR ET PASSION

Sonnet LXIV

Aux trilles du rossignol, le printemps renaît ; le carmin du bouton de rose s'efface dans l'épanouissement de la fleur. Au levant et au couchant les nuages du ciel estival empourprent toutes les ailes. — Les ruisselets qui se cachent sous les herbes réapparaissent plus loin flèches d'argent dans la lumière. — Par la volupté suave des matins les filles de l'aurore chantent :

Voilà les ivresses de l'amour et du souvenir. — Toutes les joies se sont envolées et le vent tourbillonne à travers les sombres ramées.

Quand la rose a disparu, une pâle coloration enlumine encore les feuilles du rosier, on dirait des ballades funèbres et d'indéterminables complaintes.

VAINE SCIENCE

Sonnet LXV

Comme deux amants dont l'amour d'abord frivole
   prend un plus noble essor,
Et par une harmonie suave et puissante s'initie
Aux plus divins mystères; qui parce qu'ils ont raillé
Sont maintenant confondus de honte et n'osent pas
   lutter
Contre l'imposante vérité, de peur que le ciel ne
   s'ouvre,
Qui, dans leurs réunions, ne rient pas comme ils riaient
Ni ne parlent longtemps; mais souvent assis
Ensemble, sans le moindre rayon d'espoir

Demeurent de longues heures silencieux : ainsi en
   arrive-t-il
Quand l'Action et la Volonté se réveillent trop tard
Et contemplent leur vie perdue et retiennent leur
   souffle.
Ah! qui osera chercher dans quel triste labyrinthe
Leurs chemins dorénavant opposés
Les conduiront aux embûches de la mort?

VAINE SCIENCE

Sonnet LXV

Deux amants à l'amour sans essor, perçoivent-ils soudain l'incomparable musique des âmes, sainte par-dessus toutes les harmonies de l'être; lors honteux de leur frivolité, ils n'osent faire front à la Vérité, de peur que le ciel n'épande sur eux de la confusion.

Ils ne rient plus à leurs rendez-vous, parlent peu, pendant de longues heures silencieusement assis, côte à côte; parfois ils désespèrent.

Voilà ce qu'il advient, quand l'essor du cœur tarde trop; et ils contemplent leur vie perdue, haletants et navrés.

L'audacieux qui s'engage au labyrinthe plein d'affres d'angoisses, doit savoir que le double chemin ne se rejoint plus et qu'il emboîtera le pas derrière la Mort.

L'AME DE LA NUIT

Sonnet LXVI

De l'enfance à la jeunesse; de la jeunesse à la virilité;
De la léthargie à la fièvre de l'âme;
De la vie réelle aux jours réservés au rêve;
De la confiance au doute; du doute à la malédiction :
Tels sont les changements de notre cycle rapide
Jusqu'à maintenant. Hélas, pauvre âme! quand
Reprendras-tu ton immortalité première?
Quand la chair retournera-t-elle à la poussière dont
   elle sort ?

O Seigneur de toute volonté et de toute paix! ô Sei-
   neur éternel!
O Seigneur! terrible maître de la volonté! quoique
   bien tard déjà,
Régénère cette âme par le souffle du Devoir :
Pour qu'au jour où la paix sortira victorieuse de la lutte,
Où le travail sera récompensé, la volonté fortifiée,
Cette âme puisse contempler ta face, ô vainqueur de
   la mort.

L'AME DE LA NUIT

Sonnet LXVI

Enfant et jouvenceau, adolescent et homme, passif ou enfiévré, sincèrement actif ou journellement rêveur, douteur d'abord, désespéré bientôt ; ainsi l'homme évolue.

Las ! l'âme attendra-t-elle longtemps sa béatitude et la chair retournera-t-elle à la poussière première ?

Seigneur de tout vouloir, de toute paix, de toute Vie, redoutable maître de la volonté, régénère cette âme au souffle du Devoir ; pacifie-la et la protège en un travail régulier, en un ferme vouloir et qu'elle monte jusqu'à la face de celui qui triomphe de la Mort !

LA FRONTIÈRE
Sonnet LXVII

Était-ce bien cela la borne? — ce puits stupide
Sur lequel je ne me suis pas penché pour en boire l'eau,
Mais assis sur sa margelle, j'ai jeté des cailloux
En me jouant, pour brouiller toutes les images du ciel qui s'y reflétaient,
(Et ma propre image, si j'avais bien regardé)
Était-ce là un tournant de ma vie? — j'aurai cru
Que les stations de mon pèlerinage apparaîtraient d'elles mêmes
Comme des autels de pierre, ou des places fortes à la flottante bannière.

Mais j'ai perdu ma route, il me faut retourner en arrière
Et souffrir de la soif, pour boire quand j'atteindrai la source
Que j'ai souillée autrefois et qui sera devenue saumâtre.
Et si même la lumière a disparu et qu'aucun oiseau ne chante plus
Quand je reviendrai, je me hâterai de remercier Dieu
De ce que le même but est encore au bout du même chemin.

LA FRONTIÈRE
Sonnet LXVII

Était-ce là, la barrière ? — ce puits banal où je ne me suis pas penché pour boire ; assis sur la margelle je me suis amusé à lancer de petits cailloux qui troublaient les reflets du ciel dans l'eau, et mon propre reflet, sans que j'y songe.

Était-ce là le carrefour de ma vie ?
Je pensais que les étapes reconnaissables se dresseraient, autels de pierre ou donjons à la flottante bannière.

Las ! j'ai perdu mon chemin, il me faut revenir sur mes pas et la soif me courbera vers l'eau de ce puits, croupissante peut-être, depuis que je l'ai troublée.

Si lorsque j'y reviendrai, le sentier est obscur et que nul oiseau n'y chante, je remercierai Dieu encore qui me permet de marcher vers le même but.

UN JOUR SOMBRE
Sonnet LXVIII

Ces rafales m'accablent de tristesse
Comme les gouttes tombant sur le front du voyageur,
Qui ne sait pas dans l'obscurité si elles annoncent
Un nouvel orage ou si elles sont la fin d'une première averse.
Ah! cette heure présage-t-elle une récolte d'ivraie nouvelle,
Ou n'est-elle qu'un souvenir du jour où la charrue
N'a semé que la famine, — de cette nuit
Où tu es tombée de mes lèvres, ô vaine prière?

Comme ils étaient épineux, ces buissons qui sans épines maintenant
Le long des haies du bosquet hospitalier,
Attendent, par la faveur du temps, que la nuit et le sommeil puissent soulager!
Comme le duvet du chardon mort dans le sentier
Que glane la jeune fille dans les automnes de sa jeunesse
Et qui plus tard rendra plus douce sa couche nuptiale.

UN JOUR SOMBRE
Sonnet LXVIII

Aux plaintes de ce vent dont la tristesse m'obsède, je ressemble au voyageur qui sent dans la nuit son front se mouiller, sans saisir si ces gouttes annoncent l'orage ou la fin de l'averse.

Est-ce le présage d'une nouvelle moisson d'ivraie, ou cette heure nous rappelle-t-elle le jour où la charrue sema la famine et où la prière expira inexaucée sur mes lèvres.

Épineux étaient les buissons qui sans épine maintenant bordent les baies de l'oasis du voyage, en attendant que le temps amène le repos de la nuit.

Ainsi, ce duvet de chardon mort que la jeune fille ramasse en automne à la nouvelle année mollira sa couche nuptiale.

LANGUEUR AUTOMNALE

Sonnet LXIX

Ce rayon de soleil fait honte à novembre, en se désolant
Parmi les feuilles rouillées et mortes, et ne lui permet
   pas de fuir
Le jour, malgré la jonchée des rameaux.
Mais avec gratitude chaque clairière reçoit
Ce noble salut; tandis que dans les recoins de la
   colline
Le daim regarde en appelant, moucheté de blanc et
   de brun,
Comme d'anciens gardes-forestiers que le soleil
Aurait marqués avec l'ombre des feuilles de la forêt.

Ici, l'aube a déroulé aujourd'hui son prisme magique,
Ici les feux de midi altèrent et boivent la rosée,
Jusqu'à ce que le soir ramène le repos et d'autres
   choses exquises.
Et ici les heures perdues succèdent aux heures perdues,
Tandis que, mon ombre s'étend sur le gazon,
Et que je ne sais pas, tant le désir m'obsède, ce que
   je dois faire.

LANGUEUR AUTOMNALE

Sonnet LXIX

Voici un rayon de soleil qui fait honte à Novembre, humilié de ses feuilles jaunissantes et mortes dont la jonchée ne le préserve pas de la lumière.

Le soleil descend sur le val comme une bénédiction ; dans le taillis le daim au pommelage gris et brun brame et à travers les feuilles, le soleil mouchette d'ombre la robe de ces hôtes de la forêt.

Ici l'aube a jeté ses voiles au prisme enchanteur, là Midi desséchant a bu la rosée ; et la vesprée messagère du calme va cacher les beautés du jour finissant. On revit ainsi les défuntes heures, mon ombre sur le gazon s'allonge et dans l'emmêlement de mes désirs, je ne sais plus auquel me prendre.

LE SOMMET DE LA COLLINE

Sonnet LXX

En ce jour de fête du soleil, son autel
S'est embrasé pour l'hymne de la vesprée dans l'immense Occident;
J'ai flâné trop longtemps dans la vallée
Et je contemple maintenant comme un adorateur en retard.
Cependant je ne dois pas oublier, que tout en voyageant,
J'ai vu par moments sa face
Se métamorphoser au fond de l'horizon,
En un buisson ardent aux cheveux flavescents.

Et maintenant que j'ai gravi et atteint ce sommet,
Je dois retourner en arrière dans l'ombre déclinante
Et parcourir les sentiers déserts jusqu'à la nuit.
Cependant, pour une heure, je peux encore demeurer ici
Et voir les nuées d'or et d'argent disparaître
Et le dernier oiseau s'envoler dans le dernier rayon.

LE SOMMET DE LA COLLINE

Sonnet LXX

Le soleil aujourd'hui festoye; son autel occidental flambe dans l'espace comme un hymne du soir; et longtemps attardé dans le vallon, je suis le dernier à l'adorer.

Malgré ma rêverie, je voyais son orbe se franger d'or à l'horizon comme un buisson ardent aux ronces flavescentes. — Maintenant que j'ai gravi jusqu'à ce sommet il me faut descendre avec l'ombre déclinante et repasser par les sentiers déserts jusqu'à la nuit. J'aperçois encore le pailletis d'or et d'argent qui pâlit; voici le dernier oiseau qui s'envole dans le dernier rayon.

L'ÉLECTION
Sonnet LXXI

I

Mange et bois; demain tu mourras.
La terre étant sage à cause de sa grande vieillesse,
N'a pas besoin de notre concours. Alors laisse-moi, mon amour, et enlève
Tes cheveux étouffants de dessus mon visage;
Afin que je puisse te verser ce vin doré à plein bord
Et qu'autour du verre tes doigts brillent comme de l'or.
Nous noyerons toutes les heures : tes chants, tandis sonneront les heures,
Prendront leur essor comme des cascatelles qui voilent les cieux changeants.

Embrasse-moi maintenant, et songe qu'il y a vraiment des êtres
Ma chère adorée, qui prisent
Les vaines richesses, la vaine science, et qui pourraient choisir notre part !
Ils peinent de longues années; puis un jour
Ils ne meurent pas, — car leur vie était la mort, — ils finissent;
Et la moisissure enserre leurs lèvres amincies.

L'ÉLECTION
Sonnet LXXI

I

Mange et bois : tu mourras demain. A-t-elle besoin de nous cette terre qui devrait être sage, étant très vieille.

Délivre-moi, mon amour, et écarte de mon visage ces cheveux étouffants.

Je te verserai ce vin doré jusqu'à ce qu'il déborde de la coupe sur tes doigts où sa mousse luira. Nous noierons toutes les heures; tu chanteras pendant qu'elles sonneront; tu vocaliseras, comme bruissent les cascatelles sous les cieux changeants.

Un baiser maintenant; il existe, ô mon unique beauté, des êtres qui préfèrent l'inanité de l'or et de la science à cette douce voie d'amour qu'ils pourraient choisir comme nous.

Ils s'évertuent longtemps et finissent, car ils ne sauraient mourir, leur vie ayant été morte et la vermine seule aura baisé leur lèvre mince.

L'ÉLECTION
Sonnet LXXII

II

Veille et crains; demain tu mourras.
Es-tu sûr que [tu auras le temps de te préparer à la mort?
Le Jour annoncé par la Parole de Dieu
Ne doit-il pas surprendre l'homme? Au loin, dans le ciel,
Tandis que nous parlons, le soleil se hâte; pouvons-nous
Toi ou moi lui assurer son but? Le souffle de Dieu
Dans cet instant même embrase peut-être
L'air; pour que les esprits toujours près

Quoique cachés, marchent ici en pleine lumière.
Et peux-tu te vanter de connaître tous les desseins de l'homme?
Peux-tu, au milieu des fléaux qui t'entourent, espérer
De te réjouir de la joie de celui qui viendra après toi?
Sa force détruira-t-elle ton vers en Enfer? Va-t'en :
Voile ta face, veille et crains.

L'ÉLECTION
Sonnet LXXII

II

Veille et crains ; demain tu mourras.
Sais-tu si tu pourras te préparer ? le jour par Dieu marqué ne nous surprend-il pas ?

Là-bas, au fond du ciel, le soleil se hâte ; tandis que nous parlons, sommes-nous sûrs qu'il accomplira sa carrière ?

Le souffle de Dieu va peut-être embraser l'air tout à l'heure et les esprits, toujours proches quoique cachés, s'ébattront en pleine lumière. — Peux-tu sonder l'avenir ? peux-tu, au milieu de tous les fléaux qui t'entourent, compter te réjouir de la joie de celui qui viendra après toi ? Sa force triomphera-t-elle de l'Enfer pour toi ?
Voile ta face, veille et crains.

L'ÉLECTION
Sonnet LXXIII

III

Conçois et agis — demain tu mourras ;
Sous l'ardeur du soleil, étendu sur le rivage,
Tu dis : « Le chemin mesuré à l'homme est parcouru :
Pendant toute sa vie, en peinant et gémissant,
L'homme s'élança vers la Vérité ; et moi,
Oui, moi, je suis celui auquel elle était destinée. »
Comment cela serait-il ? Es-tu donc tellement supérieur
A ceux qui ont semé que tu doives récolter ?

Non, monte ici. Du haut de ce roc battu par les vagues,
Regarde avec moi les flots les plus lointains ;
Atteins-les par ta pensée, jusqu'à l'y noyer.
Quoique la dernière ligne de l'horizon soit très éloignée,
Et que ton âme s'envole bien au delà —
Plus loin encore cependant s'étend la vaste mer.

L'ÉLECTION
Sonnet LXXIII

III

Conçois et réalise : tu mourras demain.

Couché sur le rivage, sous la caresse d'or du soleil, tu penses ainsi : « L'humanité a marché son long chemin, peinant et hurlant ; dans son ascension vers la Vérité ; et c'est à moi seul qu'elle était destinée. » Insensé, d'où te vient cette idée ? Et qui te donne le pas sur les semeurs pour prétendre faire la moisson ?

Non, monte jusqu'à ce roc battu par la vague et regarde avec moi au fond de l'horizon les derniers flots qui semblent se confondre avec le Ciel — que ta pensée les suive jusqu'à s'y noyer ; à mille et mille lieues, plus loin encore que ce point où porte ton entendement, la vaste mer s'étend toujours.

ART ANCIEN ET MODERNE
Sonnet LXXIV

I. — SAINT LUC, LE PEINTRE

Glorifiez Luc, l'Évangéliste;
Car c'est lui (raconte la vieille légende)
Qui, le premier, a enseigné à l'Art à joindre les mains et à prier.
D'abord, l'Art osa à peine déchirer le voile
Des vieux symboles : mais ayant vite compris
Que l'immensité du ciel, le silence des champs et ce jour même
Étaient des symboles encore plus puissants,
Il a vu la manifestation de Dieu en tout, et il est devenu son serviteur.

Et si, vers le déclin du jour, son œuvre devient pénible
Et si, comme talisman, il se tourne vainement
Vers les manifestations sans génie du talent de l'homme,
Il peut encore, dans ce crépuscule,
S'agenouiller sur le gazon mourant pour prier
Avant que la nuit n'empêche tout travail.

ART ANCIEN ET MODERNE
Sonnet LXXIV

I. — SAINT LUC, LE PEINTRE

Glorifiez Luc l'évangéliste; la vieille légende le montre joignant les mains de l'Art devenu une prière.

L'art hésita d'abord à se dégager des bandelettes hiératiques; mais s'ouvrant à la compréhension de la nature, il vit dans l'immensité du ciel, dans la paix des champs, dans les jeux de la lumière, un aussi profond symbolisme; le Créateur apparut derrière la création de l'artiste sacerdote.

A peine au faîte, et décadent déjà, l'Art s'abandonna aux prestiges inférieurs du talent, sans inspiration de l'âme.

Aujourd'hui encore à son crépuscule, il s'agenouille dans l'herbe automnale pour prier avant que la nuit ne vienne arrêter son Œuvre.

ART ANCIEN ET MODERNE

Sonnet LXXV

II. — PAS COMME CEUX-CI

« Je ne suis pas comme ceux-ci », dit le poète
Dans l'orgueil de la jeunesse, et le peintre, parmi
Ceux qui ne sont pas initiés au crayon ou à la plume,
Et il s'enferme dans une atmosphère glacée.
Vers d'autres, pour qui la rime seule suffit à mériter
L'auréole de poète, — et la couleur, celle de peintre —
Il se tourne encore dans un silence de mort et
Se retire, disant : « Je ne suis pas des vôtres. »

Et, après avoir dit cela, qu'arrive-t-il ?
Si tes yeux étaient derrière ta tête,
De telles paroles seraient efficaces; mais ils voient en
   avant et loin.
Dans les visions ranimées du grand Passé
Favorables au chemin de l'Avenir, regarde au con-
   traire
Et dis-toi : « Je ne suis pas comme ceux-là. »

ART ANCIEN ET MODERNE

Sonnet LXXV

II. — PAS COMME CEUX-CI

« *Je ne leur ressemble pas* », *dit le poète dans l'orgueil de la jeunesse et le peintre mêmement parmi les ignares, insoucieux du crayon et de la plume ; et il est réduit à sa propre solitude. En face de ces autres pour qui la rime fait le poète et la couleur le peintre, il revient à son isolement tout convulsé et s'écrie encore :* « *Je ne leur ressemble pas.* »

Soit ! de cette constatation, que conclus-tu ? sinon qu'au lieu d'avoir des yeux ne voyant que la basse réalité, les tiens se rallument à la grande lumière de la tradition, flambeau des voies esthétiques ; et lors tu t'écrieras dans un tout autre sentiment : « *Je ne leur ressemble pas.* »

ART ANCIEN ET MODERNE
Sonnet LXXVI

III. — LE LABOUREUR

Dieu, comme un chef de famille,
A appelé ceux-ci les premiers pour travailler à sa vigne,
Leur ordonnant, avant que le voile de l'obscurité ne soit bien écarté,
De chercher leur chemin à tâton et de se mettre en marche;
(Questionnés sur leur salaire, ils ont répondu : « Seigneur,
Une obole par homme ») et cependant le plus
Lourd fardeau de peine et la soif desséchante ont été leur lot :
Et, depuis, Dieu n'en a plus trouvé comme eux

Pour faire leur ouvrage : — Mais, pour cela,
Ne restez pas oisifs sur la place du Marché.
Qui de vous, sait-il, s'il n'est pas ce dernier
Qui deviendra le premier par la Foi et la Volonté ?
Celui dont la main, après les temps désignés,
Obtiendra un Avenir pour leur Passé ?

ART ANCIEN ET MODERNE
Sonnet LXXVI

III. — LE LABOUREUR

Dieu comme un patriarche les appela à son labour avant l'aube et leur ordonna de se mettre à l'ouvrage sur l'heure, malgré la dense obscurité qui les faisait broncher. — On leur demanda quels seraient leurs gages : « Seigneur, une obole par tête » quoiqu'ils eussent souffert de la soif sous un ciel de feu. Dieu ne trouva plus de pareils serviteurs, d'un cœur si fort à l'ouvrage.

Toutefois ne flâne pas sur la place du Marché. Qui de de vous jugera qu'il n'est pas marqué à grandir entre tous, par la Foi et la Volonté. — Oui, l'heure arrivée et les temps révolus où leur Passé recevra un Avenir de leur propre main, si telle est la volonté de Dieu.

BEAUTÉ DE L'AME

Sonnet LXXVII

Sous le portique de la Vie, où l'Amour et la Mort,
L'angoisse et le mystère, gardent son autel, je vis
La Beauté intronisée; et bien que son regard inspirât
    le respect,
Je l'aspirais aussi simplement que mon souffle.
Ce sont ses yeux qui, au-dessus et au-dessous
Du ciel et de la mer, se penchent sur toi, et qui
    peuvent soumettre
Par la mer ou le ciel ou la femme, à une loi unique
L'esclave prédestiné à sa victoire et à son empire

C'est là cette Dame de Beauté dont les louanges
Font encore tressaillir ta voix et ta main; qui s'est
    longtemps révélée à toi
Par ses cheveux au vent et ses vêtements ailés, —
Le battement de ton cœur et de tes pieds
La suivant journellement avec une irrévocable passion,
Quelle douce poursuite!
Que de chemins et que de jours parcourus!

BEAUTÉ MORALE

Sonnet LXXVII

J'ai vu sous le portique de la vie, l'amour et la mort, la terreur et le mystère, gardant l'autel de la Beauté. Son regard forçait le respect; je la fixai aussi simplement que je respire. Ses yeux qui voient plus loin que le ciel et plus profond que la mer, en s'ouvrant sur toi, attirent invinciblement comme la mer elle-même, le ciel ou la femme, et courbent sous une même loi, son vaincu, devenu homme lige.

Voilà cette Dame de Beauté dont l'éloge fait trembler ta voix et ta main. Longtemps tu aimas sa chevelure flottante et le bord de sa robe. Ton cœur bat vers elle, tes pieds la suivent journellement. Avec quelle passion et quelle constance! Qu'importent les jours et les chemins en une si adorable poursuite!

BEAUTÉ PHYSIQUE
Sonnet LXXVIII

On raconte que la première femme d'Adam, Lilith
(La charmeuse qu'il aima avant d'avoir Ève),
Eut avant le serpent une langue trompeuse
Et que ses cheveux magiques furent le premier or.
Elle est encore jeune, tandis que la terre est vieille,
Et avec une habileté artificieuse
Attire les hommes dans ses trames merveilleuses,
Et prend possession de leur cœur, de leur corps et de leur vie.

La rose et le pavot sont ses fleurs; car où
Ne le trouve-t-on pas, ô Lilith, celui que les parfums,
Les baisers et le doux repos ne séduisent pas?
Vois! tandis que les yeux de cet adolescent se brûlaient aux tiens, ton charme
Le pénètra et courba son cou élevé
Et entoura son cœur d'un cheveu d'or qui l'étouffe.

BEAUTÉ PHYSIQUE
Sonnet LXXVIII

Lilith, première femme d'Adam, cette charmeuse qui précéda Ève, avait la langue menteuse bien avant celle du serpent. Les premiers ors apparurent en ses cheveux séducteurs. Toujours jeune sur la terre vieillissante, coquette victorieuse, elle attire les hommes en ses rêts adroitement tissés et nasse les cœurs, les corps et les destinées.

Elle préfère entre les fleurs, la rose et le pavot. Où est-il, ô Lilith l'homme qui résiste aux parfums suaves, aux doux baisers et à la douce torpeur ?

Vois cet adolescent qui a brûlé ses yeux à la flamme des tiens ; tu l'as pénétré de ton charme, sa tête altière s'est courbée et autour de son cœur se voit un de tes cheveux d'or qui l'étouffe.

LE MONOCORDE

Sonnet LXXIX

Est-ce la voûte immense de ce ciel ou le grondement de l'Océan
Qui sont la vie même et qui soutirent ma propre vie,
Et par l'ineffable décret de l'Instinct
Retiennent mon souffle languissant sur la rive amère ?
Est-ce la Vie ou la Mort ainsi couronnée de foudre,
Qui, au milieu de cette marée de toutes les conjectures
Remarque la vague qui me porte et la mer
Vers laquelle ses terribles tourbillons m'entraînent ?

Oh ! qui peut connaître le chemin par lequel je suis arrivé,
La flamme devenant nuage, le nuage redevenant flamme,
Les précipices profonds et variés et toute la route ?—
Qui m'entoure enfin de cette atmosphère de vent chaud,
Et dans une régénération extatique tourne mon visage
Vers les retraites écartées du Désespoir ?

LE MONOCORDE

Sonnet LXXIX

*Sont-ce les astres qui irradient la vitalité universelle.
Est-ce le magnétisme de l'Océan qui soutire la mienne?
Est-ce la norme de l'instinct qui retient mon souffle languissant sur mes lèvres amères? Est-ce la vie, est-ce la mort qu'auréole la foudre, dans la nuée du mystère.
Puis des yeux la vague dont les terribles tourbillons m'emportent vers la haute mer!*

Oh! saura-t-on jamais quelles furent mes voies: qui a vu la flamme se liquéfier et le nuage s'enflammer. De profonds précipices bordaient tout le chemin. D'où souffle ce vent de feu qui m'obsède? Quelle fascination immobilise mon regard, vers les terrifiantes solitudes.

DE L'AURORE A MIDI

Sonnet LXXX

L'enfant ne sait pas si le visage de sa mère
Est beau; et ne peut juger ce que sont ses aînés;
Comme pour la colline ou le torrent
A l'aurore, la vie éclatante l'environne :
Cependant vers le milieu de sa course, las à demi,
Il se repose un instant sous le soleil à son zénith,
Et regarde fixement en arrière, comme dans un rêve,
Et découvre de nouveaux aspects aux choses depuis
 longtemps passées : —

De même la pensée dans toute son intensité
Se retourne pour regarder les sentiers brûlés par le
 soleil,
Qui dans le début de sa course étaient verts
Et splendides; et doute peut-être au milieu du jour
 implacable
De ce qui l'a le plus ou le moins poussée en avant :
Les choses inconnues ou les choses trop connues.

DE L'AURORE A MIDI

Sonnet LXXX

L'enfant inconscient même de la beauté de sa mère ne saurait apprécier ses aînés. Ainsi que la colline ou le torrent à l'aurore, au début de la vie, la lumière l'environne.

Vers midi, las de sa course, il se repose sous l'ardeur du soleil et jette un regard en arrière, un regard de rêve, découvrant un nouvel aspect aux vieux souvenirs.

La pensée mûre se retourne pour contempler la route maintenant brûlée par le soleil, fraîche et enchanteresse quand elle prit essor. Au milieu du jour qui ne finit pas, elle se demande ce qui l'a le plus incitée ou le plus ralentie : de l'attrait de l'inconnu ou de l'ennui du connu.

LE SEUIL DES SOUVENIRS

Sonnet LXXXI

Quel lieu peut exister aussi fantastique, — bien que des neiges inexplorées
S'empourprent de feux inimaginables
Au bout du monde, surprise émouvante
Comme les spectacles de feu et de glace du monde ancien?
Voyez! il n'y a que moi à cette heure; et voyez!
C'est ici le lieu même qui à mes yeux
Immortalise en vain ces heures périssables
De ce que moi seul je sais, au milieu des foules agitées.

O cité! une seule de tes portes,
Fortifiée par quelque puissance nouvelle, doit être
Mon portique de vie dans l'éternité,
Illuminée d'une seule présence, comme autrefois :
Où alors des vents moqueurs feront tourbillonner comme de la paille
Toi et tes années, mes paroles et moi.

LE SEUIL DES SOUVENIRS
Sonnet LXXXI

Lieu étrange! un soleil tropical darde sur des neiges éternelles, surprise émouvante que ce rapprochement des antipodes. On dirait des scènes de jadis, encadrées à la fois de feux et de glaces. Voici l'heure qui fut mienne. Voici le lieu qui immortalise à mes yeux, par la magie du souvenir que je possède seul, ces heures périssables et qu'ignorent les foules agitées.

Une seule de tes portes, ô cité de vie, doit m'ouvrir l'éternité et m'illuminer comme autrefois d'une unique et chère présence.

Ou alors les vents ironiques feraient tourbillonner comme de la paille toi et les années, mes paroles et moi-même.

TRÉSOR DE JOIE

Sonnet LXXXII

Je dis : « Non, ne cueille pas, — ne touche pas au premier fruit :
En vérité, il est doux et pourpré,
Mais laisse-le mûrir encore. La cime de l'arbre
Courbée sur la rivière voit toute sa fécondité
Et attend le jour de la maturité. Ne devons-nous
Pas aujourd'hui, à l'heure du soleil jouir de l'ombre
Et réclamer notre fruit avant qu'il ne soit trop mûr,
Et le manger à la branche même et louer l'arbre ? »

Je dis : « Las ! notre fruit a joui trop longtemps
Des baisers du soleil, — il est tombé et flotte sur la rivière.
Oh ! les dernières grappes ! Cueillez-les toutes,
Et savourons le festin de l'Été ; avant que la lueur automnale
Ne rende la liberté aux douleurs cachées de l'année
Et que les bois ne se lamentent comme des échos de la mer. »

TRÉSOR DE JOIE

Sonnet LXXXII

« *Ne les cueille pas,* » *ai-je dit. Laisse se développer le premier fruit : il te paraît bien doux et rouge, mais laisse-le mûrir encore. Le poids de ses branches incline l'arbre sur la rivière, il admire son abondance ainsi reflétée et attend le moment de la maturité.*

Au zénith de ce jour, jouissant de l'ombrage, ne réclamerons-nous pas notre fruit avant qu'il ne soit trop mûr, pour le manger sur la branche même et glorifier l'arbre?

Las! dis-je, notre fruit a trop longtemps reçu les brûlants baisers du soleil; il est tombé dans le courant qui l'entraîne. Oh! les dernières grappes! cueillez-les toutes et festoyez avec l'Été; avant que l'apparition de l'automne n'ouvre les portes aux douleurs de l'année et que le bois ne se lamente, écho de la vaste mer!

PRINTEMPS STÉRILE

Sonnet LXXXIII

La roue tournante de l'année renouvelée revient encore :
Comme une jeune fille s'élance lutinée par la brise,
Et tantôt en avant, tantôt en arrière
S'incline sous ses assauts, les joues empourprées et rieuses,
Ainsi s'avance gaiement le printemps vers moi; mais il n'obtient
En réponse aucun sourire, car ma vie est entrelacée
Aux branches mortes que l'hiver doit lier,
Et qui aujourd'hui n'attendent plus rien du printemps.

Voyez, ce crocus est une flamme qui s'éteint,
Ce perce-neige, de la neige; cette fleur de pommier
Doit engendrer le fruit qui engendre l'astuce du serpent.
Détourne ton visage de ces fleurs du Printemps,
Et n'attends pas que sur la tige du dernier lys de la saison
La blanche coupe ne se flétrisse autour du calice d'or.

PRINTEMPS STÉRILE

Sonnet LXXXIII

La roue d'une autre année tourne à nouveau, une fois encore.

La jeune fille rieuse, du rose aux joues, se balance aux caresses du vent, oscillante comme la barque qui plonge bord sur bord. Ainsi le gai Printemps vient à moi qui ne lui accorde aucun sourire de bienvenue; ma vie étant emmêlée aux branches mortes que l'hiver fagottera et qui n'attendent plus rien du renouveau.

Vois, ce crocus ressemble à une flamme mourante, cette boule de neige, à de la neige même, cette fleur de pommier deviendra le fruit dont se sert le serpent trompeur.

Détourne tes yeux de cette flore printanière et n'attends pas qu'autour du pistil d'or, le calice blanc du dernier lys de la saison ne se ride.

ADIEU A LA VALLÉE

Sonnet LXXXIV

Douce vallée fertilisée par la rivière, pourquoi te dire
 « Adieu » à toi
Qui prospères si bien et qui trouves toujours uni
Le front du Temps, où l'homme ne lit aucune pitié?
Non, dis-moi plutôt adieu — à moi,
Qui m'enfuis maintenant dans un hasard plus amer
 Que n'était le premier, là où d'autres ombrages pour-
 raient apaiser
Près d'autres rivières, — tandis que dans l'ardente
 jeunesse
Le bonheur d'être triste apportait de la mélancolie

Et pourtant adieu ! car tu prospéreras mieux encore
Quand des enfants baigneront leurs doux visages dans
 tes flots
Et que d'heureux amants confondront leurs ombres
Dans les heures à venir, que lorsqu'il y a une heure
Tes échos ne répétaient que les soupirs d'un homme
Et que tes arbres chuchotaient ce qu'ils craignaient
 de savoir.

ADIEU A LA VALLÉE

Sonnet LXXXIV

Pourquoi te dire adieu, paisible vallée qu'un ruisseau fertilise? Tu prospères pleinement et le Temps sans pitié pour les humains te comble de ses faveurs. Tu devrais plutôt me dire adieu à moi qui m'aventure en de plus grands hasards qu'autrefois, vers de nouveaux ombrages qui pourraient m'apaiser, au bord d'autres courants, tandis que dans l'ardente jeunesse les premières mélancolies vous sont chères et douces.

Adieu pourtant! ta prospérité croîtra, quand des enfants refléteront leurs doux visages dans tes eaux et que d'heureux amants mêleront leurs ombres.

Ces heures à venir te seront meilleures que celles où tes échos ne répétaient que mes soupirs et où le bruissement de tes arbres m'évoquait ce que je ne voulais pas savoir.

VAINES VERTUS
Sonnet LXXXV

Quelle est la plus triste chose qui soit en Enfer?
Aucun des péchés, — mais cette belle action
Que le péché d'une âme pourrait à la longue annuler. —
Celles-là sont encore vierges que le glas de la mort
    venu à temps
Aurait pu canoniser; et que les démons
Retiennent maintenant dans des enlacements funestes
    comme ceux du serpent
Et torturent pendant que la corruption de la fosse
Souille leur virginité repoussée.

La nuit les attire comme le tribut de l'abîme,
Ceux dont les noms à moitié inscrits sur le livre de
    Vie
Étaient les élus de Dieu à midi. Leurs cheveux
Et leurs yeux sont les derniers engloutis, mais le
    bourreau ne daigne pas
Regarder et se lamente en attendant son épouse pro-
    mise,
Le Péché se réjouit encore sur la terre de les avoir
    conduits là.

VAINES VERTUS
Sonnet LXXXV

Le plus terrible hôte de l'Enfer n'est aucun des péchés classés, mais cette noble action que le péché d'une âme parvient à annuler.

Celles-là sont vierges encore, que le glas de la mort, sonnant à l'heure dite, aurait sanctifiées.

Maintenant les démons les enlacent comme des serpents et les font se tordre d'angoisse, tandis que la corruption du gouffre funèbre rend abominable leur virginité délissée.

Les ténèbres les engloutissent comme une proie du tombeau, bien que leurs noms à moitié inscrits au livre de Vie aient été demandés par Dieu, au milieu du jour. Leurs cheveux et leurs yeux disparaissent les derniers, mais le Tortionnaire ne daigne pas les regarder et se lamente lui-même en attendant sa proie.

Le Péché se réjouit encore, sur la terre, de sa victoire cruelle.

JOURS PERDUS

Sonnet LXXXVI

Que seraient aujourd'hui les jours perdus de
Ma vie, si je pouvais les voir épars sur la route
Comme à leur chute ? Seraient-ils des épis de froment
Semés pour devenir une nourriture et piétinés comme
    de l'argile ?
Ou des monnaies d'or gaspillées et qu'il faut payer ?
Ou des gouttes de sang éclaboussant les pieds cou-
    pables ?
Ou de l'eau versée telle que celle qui en rêve
Doit tromper les gorges toujours altérées de l'Enfer
    qui ne meurent jamais ?

Je ne les vois pas ici ; mais après la mort
Dieu sait que je connais les visages que je verrai,
Chacun comme une partie de moi-même poignardée,
Disant avec un râle d'agonie : « Je suis toi-même,
Que m'as-tu fait ? » — Et moi — et moi — encore
    toi :
« Et toi et toi-même à travers toute l'éternité ! »

JOURS PERDUS

Sonnet LXXXVI

Sous quelle forme m'apparaîtraient mes jours perdus si je les revoyais aujourd'hui, gisants sur la route? Seraient-ils des épis de froment semés pour donner la nourriture et réduits en poussière? Ou des monnaies d'or gaspillées et qu'il faut rembourser? Ou des gouttes de sang éclaboussant les pieds coupables? Ou de l'eau versée comme celle qui trempe les gosiers altérés du damné dans les visions enfiévrées de l'Enfer?

Je ne les vois pas ici; mais au lendemain de la mort, Dieu sait que je m'attends à revoir des visages connus. Chacun avec son propre cadavre dira, en un râle suprême : « Je suis toi-même; que m'as-tu fait? » — Et moi — et moi. — Toi-même. — Et toi et toi-même pendant l'Éternité. »

LES MÉNESTRELS DE LA MORT
Sonnet LXXXVII

Au premier abord, quand ce cheval, dont les flancs populeux
Donnaient la mort à l'heure de la naissance, projeta son ombre fatale sur Troyes,
Les vieillards doutant de sa cargaison grecque,
Amenèrent Hélène pour chanter les hymnes de la patrie;
Elle murmura : « Amis, je suis seule; venez, venez! »
Alors Ulysse à l'intérieur eut peur,
Et sur la bouche tremblante de ses compagnons
Il posa ses mains et les tint jusqu'à ce que la voix soit muette.

C'est ce même Ulysse qui, cramponné à son mât,
Passa devant les îles enchantées des sirènes,
Là ou les algues marines cachent les antres pleins de cadavres.
Et où la douceur du chant se perd dans les vagues profondes...
Dis-moi, mon âme, les chants de la Mort ne sont-ils pas le ciel pour toi,
Et la joue de la Victoire ne rougit-elle pas de ce que sa lèvre profère.

LES MÉNESTRELS DE LA MORT
Sonnet LXXXVII

Quand ce cheval, dont les flancs énormes portaient la Mort, projeta jadis son ombre fatale sur Ilios, craignant un piège, les vieillards Troyens amenèrent Hélène et lui firent chanter l'hymne de la Patrie Grecque.

« Amis, me voilà seule. Venez ! venez ! »
Ulysse alors troublé et apprehensif à son tour, ferma d'un geste impératif, la bouche de ses compagnons, maintenant le silence tant que la voix d'Hélène s'entendit.

Ce même Ulysse côtoyant les rives fleuries où la mer cache ses cavernes mystérieuses, pour passer devant cette île où les sirènes mêlent leurs chants au brisement des lames, se fit attacher à un mât.

Dis, mon âme, les chants de mort ne t'ont-ils jamais ouvert le ciel ? Et la joue de la Victoire ne s'empourpre-t-elle pas de la honte de ce qu'elle crie.

LA LAMPE D'HÉRO

Sonnet LXXXVIII

Cette lampe que tu remplis cette nuit au nom d'Eros,
O Héro, les augures de Sestos la prendront demain
Et en l'honneur de Léandre noyé
Ils consacreront sa flamme éteinte à Anteros.
Ah ! faites circuler le vœu silencieux : pourtant la
    première lueur de l'aurore doit poindre
Sur la double fluctuation de l'orage et de la vie ;
Tandis qu'au bord du lac avernien le soleil ne se lève
    pas.
Et l'Amour erre comme le pâle néophyte de la Mort.

La lampe sur l'autel mystérieux d'Anteros
Ne s'allumera pas (les dieux l'ont décrété)
Jusqu'à ce qu'un mortel, assuré de l'heureuse issue
De l'amour de toute une vie, ordonne à sa flamme de
    briller :
Elle restera peut-être encore sans feu ; pour eux ou
    pour toi,
O frère, qu'est-ce qui a donné de l'amour à eux ou à
    toi ?

LA LAMPE D'HÉRO

Sonnet LXXXVIII

Héro, la lampe où tu verses l'huile consacrée à Eros, les augures de la ville de Sestos l'allumeront-ils demain à la mémoire de Leandre noyé; et, la flamme éteinte, consacreront-ils la lampe à Anteros?

Oh! portez le vœu inarticulé à travers les airs.

Les clartés aurorales se détachèrent sur le fond de l'orage même, comme sur la double fluctuation de la vie.

Aux bords de l'Averne jamais de soleil.

L'Amour errant n'y est plus qu'un pâle néophyte de la Mort.

Les Dieux ne veulent pas que la lampe brille encore dans l'ombre de l'autel d'Anteros.

Le mortel qui atteindra l'heureux dénouement d'une vie d'amour, pourra seul rallumer la flamme.

Brillera-t-elle pour eux ou pour toi ; ô Frère, dans le partage d'Eros, qu'as-tu? qu'ai-je moi-même?

LES ARBRES DU JARDIN
Sonnet LXXXIX

Vous qui avez traversé les sinistres collines de la Mort; et vous
Que les arbres qui connaissaient vos ancêtres cesseront de connaître
Tout en demeurant silencieux : — tout cela n'est-il qu'un simulacre,
Une ombre railleuse sur le mur? le décret
De quelque implacable puissance,
Qui toujours, tandis que l'homme dans l'effort de ses aveugles conjectures
Roule d'un abîme à un abîme plus terrible encore, regarde plus loin que lui,
Avec son visage de sphynx et ses prédictions redoutables.

Non, interroge plutôt la Terre elle-même. Invoque
Les arbres de la forêt, abattus par l'orage, recouverts aujourd'hui de mousse
Et dont les racines forment des monticules où s'ébattent les enfants;
Ou demande à l'arbrisseau argenté, sous quel joug
Ces étoiles, guirlandes de pierreries de sa cime poursuivront
Leur course alors que ses rameaux se flétriront de vieillesse.

LES ARBRES DU JARDIN
Sonnet LXXXIX

O vous qui êtes entrés dans le royaume de la Mort, les arbres qui ont abrité vos ancêtres cesseront de nous connaître, indifférents et immobiles en leur silence. Est-ce une parade tout cela? une ombre qui passe sur le mur? ou le décret d'une puissance inexorable, pendant que l'homme court en son appréhension maladive d'un abîme à un autre abîme plus sinistre, qui donc regarde toujours au delà avec cette expression de sphinx chargé de menaces? — Interroge plutôt la terre. Invoque les grands arbres de la forêt abattus par la tourmente et déjà couverts de mousse et dont les racines énormes servent aux jeux des enfants. — Ou bien encore demande à l'arbrisseau argenté comment, à la tombée de ses branches mortes, les étoiles qui posent sur sa cime une couronne de pierreries continueront dans le ciel leur navigation sublime.

« RETRO ME, SATHANA! »

Sonnet XC

Passe derrière moi. Comme un conducteur de char
Aux lourds cheveux bouclés, courbé contre le vent
Est enlevé de son char par la chevelure,
Ainsi sera le Temps ; et comme le char vide, précipité
Au loin par les chevaux sans frein, ainsi sera le Monde :
Oui, comme la poussière d'un char dans l'air
On le cherchera partout et on ne le trouvera nulle
 part.
Passe derrière moi, Satan. Souvent déployées,

Tes ailes dangereuses ont pu battre et rompre comme
 une latte,
Bien des pouvoirs humains pour s'attirer des louanges.
Laisse ces faibles pieds fouler d'étroits chemins.
Toi, calme, sur la large route, ombragée de vigne,
Tu peux attendre que se renverse le vase de colère
Sur certaines années, certains mois et certains jours.

« RETRO ME, SATHANA! »

Sonnet ~~XC~~

Arrière, Satan! le vent arrache de son char par les lourdes boucles de sa chevelure le conducteur qui se courbe sous l'effort.

Ainsi du Temps, ce chariot vide qu'emportent des chevaux emballés; ainsi du Monde.

De cette poussière soulevée par le vent quelle trace chercherait-on?

Arrière, Satan! l'éployement de tes ailes perverses a brisé et comme un fétu anéanti, bien des sceptres et des gloires cheminant d'un pas débile dans l'étroit sentier. — Tout cela pour attirer à toi les louanges?

Sur cette large voie, ombragée de pampre, attends que se verse la coupe de colère, à l'année, au mois et au jour marqué.

DEUX FOIS PERDU

Sonnet XCI

Comme deux hommes qui ont bien aimé une même femme,
Se haïssent mutuellement, à travers les mensonges de l'amour et de la mort;
Puisque ce linceul nuptial et les longs carillons
Des cloches de mariage n'étaient pour aucun d'eux,
Pourtant sur sa tombe le jour et la nuit dissipent
Enfin leur triste antagonisme, par le froid et la chaleur
Et enserrées dans l'amitié iront à la mort
Ces deux vies qui peuvent le plus la célébrer : —

Ainsi des espoirs distincts qui dans une âme courtisaient
La même Paix, ont toujours lutté ensemble
Et depuis lors la Paix est morte devant leurs faces :
Et ainsi à travers cette âme dans une fraternité inquiète,
Ils errent maintenant ensemble et tournent
Dans ses recoins, frappant aux auberges poussiéreuses.

DEUX FOIS PERDU

Sonnet XCI

Ont-ils aimé la même femme, deux hommes se haïssent à travers les mensonges de l'amour et de la mort — car aucun d'eux n'a pu lui fermer les yeux, et ni pour l'un ni pour l'autre n'ont tinté les joyeuses cloches de l'hyménée.

Mais les jours et les nuits passent sur la tombe de cette femme. — Le froid y sévit. — Le soleil y flambe; et à la longue s'éteint le triste antagonisme dont elle était l'enjeu. — C'est enserrés dans les liens de l'amitié que maintenant ils attendront la mort. — C'est désormais ensemble qu'ils regretteront la même Dame. — Ainsi des espoirs disparates, qui, groupés dans une âme, poursuivaient la même Paix, ont longtemps lutté en une cohabitation ennemie. — Mais depuis que la Paix est morte ils se sont confondus en une fraternité inquiète.

Et voici maintenant qu'ils errent ensemble dans tous les sens, frappant aux mêmes auberges poussiéreuses.

LA HONTE DU SOLEIL

Sonnet XCII

I

Contemplant la jeunesse et l'espérance, par raillerie enlevés
A la vie ; et les semblants de pulsations qui continuent
Quand la mort de l'âme désire celle du corps ;
Les gloires inconnues, et les gloires connues qu'on ne recherche pas ;
Et la pensée torturante et incessante de la misère
Pour l'or, avec lequel celui qui le possède achète sa ruine ;
Et les femmes désirées, désirant en vain
L'homme solitaire devenu fou par désir d'amour ;

Et la richesse et la force et le pouvoir et la grâce,
Donnés à des corps dont les âmes, disent les hommes,
Sont misérables et faibles, serviles et souillées :
Contemplant ces choses, je ne contemple pas moins
Le matin et le soir rougissant qui divulguent
La honte qui écrase le jour intolérable.

LA HONTE DU SOLEIL

Sonnet XCII

I

Ironique méditation : la Jeunesse et l'Espoir ivres d'eux-mêmes ; les dernières convulsions de l'instinct vital quand l'âme agonisante veut sortir du corps.

Le point d'honneur qu'on s'impose sans le comprendre, la dévorante préoccupation de la longue misère, l'Avarice qui appauvrit le riche, la femme aimant en vain, le solitaire lui-même fou d'amour ; la Fortune, la Force, le Pouvoir, la Beauté, attribués à des corps aux âmes nulles, misérables, pusillanimes, serviles et souillées.

Cette constatation détestable ne ferme pas mon cœur au rayonnement matutinal, alors que le soleil éclaire l'œuvre mauvaise qui s'accomplit à ses rayons.

LA HONTE DU SOLEIL

Sonnet XCIII

II

Comme un fidèle héros courbé par le poids
Des lourdes années de la vie contemple
La jeunesse florissante et murmure avec pitié pour
　lui-même et compassion —
« Que ne puis-je posséder ce trésor stérile entre ses
　mains
Quelles bénédictions je répandrais sur les années
　futures ; » —
Puis il pousse un soupir vers le but inconnu,
Et sent amèrement près de son âme le souffle
De l'heure aux ailes agiles qui la rapproche du néant :

De même l'âme grise du monde criera à une certaine
　heure
Au monde plein de verdeur malheur à moi que
Menace la fatalité de présages de malheur, —
Mon cœur voit ses vieilles flammes environnées
　d'ombres honteuses :
Tandis que toi tu voyages comme autrefois,
Sans âme maintenant, gaie cependant avec le prin-
　temps.

LA HONTE DU SOLEIL
Sonnet XCIII
II

Courbé sous l'accumulation des années, le roi tout-puissant contemple la florissante Jeunesse et, s'apitoyant sur lui-même, se lamente ainsi :

« *Si je possédais ce trésor, stérile en son pouvoir,* « *l'avenir bénirait les bienfaits qui tomberaient de mes* « *mains.*

Puis il soupire vers un idéal méconnu et son âme se convulse au frôlement de l'heure rapide qui le pousse au néant.

Ainsi la vieille âme du Monde criera peut-être un jour au Monde nouveau : « *Malheur à moi ! l'ancien mal qui* « *me ronge va m'emporter ; de honteuses ombres enténèbrent* « *le vieux feu de mon cœur. Et toi, quoique aujourd'hui* « *sans âme, tu roules comme jadis, et tu salues avec* « *joie, l'arrivée du Printemps.*

LE BAISER DE MICHEL-ANGE

Sonnet XCIV

Le grand Michel-Ange, pâli par l'âge
Et par son œuvre gigantesque, récapitulant une fois
Tous les souvenirs douloureux de sa longue vie,
Dit à un cœur fidèle que son plus amer regret fut
De se pencher avec un amour chagrin et une vénération tendre,
Sur le lit de mort de la douce Colonna,
Sa muse et la Dame de son cœur et son épouse spirituelle,
Et de ne baiser que sa main, sans oser approcher de son front ou de sa joue.

O Buonarotti, — plein de zèle pour pousser les roues de feu
Du char de l'Art! de même l'âme
Atteignant enfin un but à l'accès douloureux,
N'obtient le plus souvent que peu : ses appels
Étaient profonds et muets, — infime sa récompense.
C'est ainsi :
Que contient pour elle le grenier de la Mort? et pour toi?

LE BAISER DE MICHEL-ANGE
Sonnet XCIV

Michel-Ange, Titan plus courbé sous le poids de son œuvre colossale que sous l'accumulation des années, revivant toute la mélancolique rancœur de ses longs jours, avouait ainsi à un fidèle d'amour, le plus amer de ses regrets.

Lui, l'inconsolable amant d'un amour angélique, il se pencha sur le lit ou semblait dormir la douce Vittoria Colonna, sa muse, sa madone et l'épouse de son âme. Et, n'osant lui baiser ni le front ni la joue, il abaissa saintement ses lèvres sur sa main.

O Buonarotti, formidable impulseur de ces roues de lumière qui portent l'arche sainte du Beau, en touchant tardivement au but, l'Ame n'obtient pas souvent satisfaction; le plus profond espoir demeure presque insatisfait.

C'est le Destin! Que nous réserve donc la Mort, et que te réserve-t-elle surtout à toi?

LA COUPE DE VIE

Sonnet XCV

Autour de la coupe de vie, de votre pas lent
Il n'a pas erré, mais il l'a retournée dans ses mains,
Et déjà il en connaît toutes les faces.
Un homme s'y trace, au souffle vif, ceint pour quelque
    grande course ;
Dont la route court au loin par des déserts et des
    champs fertiles ;
Qui rit et qui dépasse pourtant la foule des gens gais ;
Qui pleure, mais qui ne s'attarde pas pour pleurer ;
    qui enfin,
S'arrête, adolescent, portant une couronne, avec un
    visage silencieux.

Et il a rempli la coupe de vin au lieu de sang,
De sang au lieu de larmes, d'épices au lieu de vœux
    ardents,
De fleurs trempées qui conviennent aux amours
    défuntes ;
Et il en aurait jeté les débris aux flots,
Mais au nom du Sort il l'a gardée intacte ; et elle est
Vide maintenant jusqu'à ce que ses cendres y tombent.

LA COUPE DE VIE

Sonnet XCV

Il a saisi la coupe de vie des deux mains, sans tergiverser et l'a curieusement étudiée.

D'abord un homme haletant, les reins serrés comme pour la course y est figuré.
Au loin, une route s'étend, tantôt déserte, tantôt fertile.
Il a dépassé la foule joyeuse, et il rit ; il ne s'attarde pas avec les navrés et il pleure. Le voilà sous les traits d'un adolescent au front triste et couronné.

De sa coupe déborde plus de vin que de sang ; puis plus de sang que de larmes ; de fous désirs l'épicent ; à l'entour pleurent les fleurs humides de défuntes amours.
Il aurait déjà jeté dans les flots sa coupe, en la brisant, si le destin n'ordonnait qu'il la garde.
Elle est vide, cependant, et ne se remplira plus que de ses propres cendres.

LA VIE BIEN-AIMÉE
Sonnet XCVI

Comme le visage de ton amie, reflétant la douleur de son âme,
T'est quelquefois apparue peut-être
Étrange comme un fantôme; quoique tu ne l'aies jamais vue ainsi
Par ta pensée, mais associée à toutes les grâces;
Comme les traits de ton amour, rigides sous la mort,
Ne reviennent pas ainsi dans le miroir de ton souvenir; mais défient
Les jours fragiles et fugitifs et gardent toujours, j'en suis assuré,
Une tête plus vivante et plus charmante que toute vie nouvelle :

Ainsi la Vie elle-même, l'amie et l'amour de ton âme,
Comme le précurseur attitré du Printemps
Brille pleine de fraîches heures dont l'espoir se glorifie;
Quoiqu'elle gise pâlie quand dans le bosquet de l'hiver
Les flocons de neige la recouvrent comme des fleurs funéraires
Et que les ailes rouges du feu de la gelée déchirent le ciel.

LA VIE BIEN-AIMÉE
Sonnet XCVI

Le visage de ton amie s'obombre du reflet de son âme, ne t'est-il jamais apparu étrange et singulier sous un aspect ignoré de ta pensée qui le parait de toutes les grâces?

Les traits de ton amour flétris par la mort, ne reviennent-ils pas dans le miroir de ton souvenir, avec tout leur charme, et, au mépris du temps, ne conservent-ils pas toujours la vie et la beauté?

Ainsi la Vie elle-même, l'amie et la maîtresse de ton âme, comme le héraut officiel du printemps, fait toujours briller l'espoir de douces heures, bien qu'elle languisse aux retraites hivernales, toute pâlie sous la neige, comme sous un linceul de fleurs, tandis que le ciel est déchiré par les gerbes flavescentes des feux d'hiver.

SUSCRIPTION

Sonnet XCVII

Regarde mon visage; mon nom est *qui aurait pu être;*
Et je me nomme aussi : *Jamais plus, Trop tard, Adieu;*
A ton oreille je présente la coquille d'une mer morte
Jetée entre tes pieds couverts d'écume par la vie;
Et à tes yeux le miroir où se voit
Ce qui eut forme de vie et d'amour, mais par mon sortilège
N'est plus qu'une ombre ébranlée, insupportable,
Un frêle écran de choses suprêmes et inarticulées.

Remarque comme je suis taciturne! mais si dardait,
Un moment, à travers ton âme, la douce surprise
De cette paix ailée qui berce l'haleine des soupirs,
Alors tu me verrais sourire et tu détournerais
Ton visage de mon embûche à ton cœur
Sans sommeil, avec de froids yeux commémoratifs.

SUSCRIPTION

Sonnet XCVII

Regarde-moi ; je m'appelle le Possible ; j'ai nom aussi, Jamais Plus, Trop Tard, Adieu. J'applique à ton oreille la coquille ronronnante que la mer a poussée vers toi, parmi les écumes de la Vie ; je présente à tes yeux le miroir de ce qui fut vivant et de ce qui fut ardent. A mon incantation un obsédant spectre apparaît, fantôme translucide et vacillant des suprêmes silences.

Vois ma tristesse : mais si se levait dans ton âme la douce surprise rassérénante qui régularise l'haleine des soupirs, lors tu me verrais sourire, lors tu échapperais à l'embuche que d'un œil froid et macabre je tends à ton cœur, à ton cœur hanté.

LUI ET MOI

Sonnet XCVIII

D'où ses pieds sont-ils venus dans mon champ et pourquoi ?
Comment se fait-il qu'il le trouve si désolé ?
Comment se fait-il que je voie ce qu'il voit aussi ? Que j'entende
Le nom dont il l'appelle dans son silence amer ?
C'était le petit recoin à part dans le ciel
Dont les nuages se nourrissant à l'atmosphère de l'âme
Tiraient une vivante lumière d'une année continue.
Comment peut-il le trouver sans vie ?
Lui ou moi ?

Voyez!,ce nouveau moi-même erre maintenant autour de mon champ,
Avec des plaintes pour chaque fleur et pour chaque arbre
Un gémissement, écho soupirant du vent :
Et sur les douces eaux de ma vie qui n'offrent à ses lèvres d'autre breuvage que des larmes répandues.
Il pleure à ma place; oui, moi ou lui !

LUI ET MOI

Sonnet XCVIII

Comment est-il venu dans mon champ et pourquoi? Pourquoi le trouve-t-il si triste? Et comment se fait-il que je devine son impression? et que j'entende le nom dont le désigne son silence amer?

C'était un coin à part dans le ciel. Les nuages, flottant dans l'atmosphère de l'âme, y brillaient d'un éclat ininterrompu.
Comment a-t-il pu le trouver sans vie? Est-ce lui? Est-ce moi?

Regardez ce nouveau moi-même; il erre aujourd'hui autour de mon champ, s'apitoyant sur les fleurs et sur les arbres, écho fidèle du vent qui se lamente.

Les douces eaux de ma vie s'offrent à ses lèvres en un breuvage de larmes. Il pleure à ma place. Est-ce lui ou moi qui pleure?

NOUVELLE NAISSANCE DE LA MORT

Sonnet XCIX

I

La Mort m'apparaît aujourd'hui sous les traits d'un
 enfant nouveau-né,
Que sa mère usée, la Vie a déposé sur mes genoux
Pour qu'il devienne mon ami et qu'il joue avec moi;
Peut-être ainsi mon cœur sera-t-il séduit
Et ne trouvera-t-il plus de terreur sur un visage si
 doux, —
Peut-être ainsi mon cœur lassé sera-t-il
Par tes yeux tendres de nouveau-né,
O Mort, réconcilié avant le jugement.

Combien de temps, ô Mort? et tes pieds partiront-ils
Encore enfants avec les miens, ou te montreras-tu
En pleine croissance comme la fille serviable de mon
 cœur,
Dans combien de temps, vraiment, atteindrai-je avec
 toi la plage
De la pâle vague qui te connaît pour ce que tu es,
Et la boirai-je dans le creux de ta main?

NOUVELLE NAISSANCE DE LA MORT

Sonnet XCIX

I

La Mort m'apparaît aujourd'hui sous les traits d'un enfant que sa vieille mère a mis sur mes genoux pour que je devienne son ami et son compagnon de jeu. Mon cœur tendre ne s'effraie pas d'un si doux visage; mon cœur las, devant ces jeunes yeux et ces lèvres humides de lait, se réconciliera avec toi, ô Mort, avant le jugement.

Tes pas suivront-ils encore mes jeunes pas, ou bien deviendras-tu avec le temps l'appui de mon cœur jusqu'à la fatale plage où les pâles vagues te connaissent, ces vagues que je boirai dans le creux de ta main?

NOUVELLE NAISSANCE DE LA MORT
Sonnet C
II

Et toi, ô Vie, dame de toute volupté,
Avec qui, lorsque notre jeune cœur battait avec fougue,
J'ai erré plus loin que les retraites des hommes,
Trouvant dans les plus beaux sites tous les bosquets indignes de nous,
Jusqu'à ce que, seuls, les bois et les vagues puissent entendre nos baisers,
Tandis que nous jetions au vent toute pensée de mort :
Ah, Vie ! à la fin n'aurai-je plus de toi
Aucun sourire pour m'accueillir, et point d'autre enfant que ce dernier ?

Vois, l'Amour, notre enfant de jadis et le Chant dont les cheveux
Brillaient comme une flamme et fleurissaient comme une guirlande ;
Et l'Art, dont les jeux étaient des mondes que Dieu trouvait beaux ;
Tous ces enfants mêlèrent leur haleine sur le livre de la nature,
Étroitement serrés entre eux, comme tant de fois nous les avons contemplés :
Sont-ils donc morts pour que tu accouches de la Mort ?

NOUVELLE NAISSANCE DE LA MORT
Sonnet C

II

Et toi, ô Vie, dame de Volupté, compagne de notre cœur en ses premiers et fougueux battements — avec qui j'ai dépassé le monde habité, dédaigneux des bosquets, orgueil des plus beaux sites — errant jusqu'au jour où nos baisers n'eurent plus pour témoins que les bois et la mer, tandis que le vent emportait nos pensées sombres. —

O Vie! n'aurais-tu pas épuisé tes sourires en m'accueillant. N'as-tu plus d'autre enfant à me donner que ce dernier? — Vois l'Amour, ce fils qui jadis fut le nôtre, et le chant aux cheveux ardents comme des flammes, fleuris comme des guirlandes — et l'Art dont les yeux évoquaient des mondes au suffrage de Dieu même; tous ces enfants mêlèrent leur haleine sur le livre de la nature, étroitement serrés entre eux, comme si souvent nous les avons admirés. — Ne sont-ils donc morts que pour céder la place à ce dernier né : la Mort?

UNIQUE ESPOIR
Sonnet CI

Quand les vains désirs et les vains regrets
Vont enfin, la main dans la main, à la mort, et que tout est vain,
Qu'est-ce qui allégera la douleur éternelle
Et enseignera l'oubli à l'obsédé ?
La Paix sera-t-elle encore un torrent englouti, depuis longtemps introuvable,
Où l'âme pourra-t-elle, de suite, dans une plaine verdoyante,
Se pencher sous l'écume d'une rafraîchissante source d'eau vive
Et cueillir, comme amulette, la fleur trempée de rosée ?

Ah ! quand l'âme alanguie, dans cet air pailleté d'or,
Parmi les pétales, aux inscriptions sacrées, doucement agités,
Cherche haletante le don de grâce inconnu,
Ah ! ne souffrez aucun autre charme contraire,
Et souhaitez seulement que le nom de l'Espoir s'y trouve,
Ni moins, ni plus, mais ce mot seul.

UNIQUE ESPOIR
Sonnet CI

Quand apparaît l'inanité du désir et la vanité du regret, devant la mort, et qu'on s'avoue la duperie de l'existence, comment adoucir la déception effroyable? Quel Léthé préservera des revenances du souvenir?

La paix fuira-t-elle toujours comme le flot mystérieux de l'intangible; l'âme ne boira-t-elle pas aux eaux vivifiantes qui arrosent une plaine verdoyante, en cueillant, comme talismanique, la fleur emperlée de la rosée?

Ah! à travers les pétales symboliques et doucement oscillants dans l'air lumineux, cherche quand l'âme languit, haletante, le secret de la grâce suprême.

Il n'est qu'un charme, l'Espoir endormeur de nos maux — l'Espoir, rien que l'Espoir; pas un autre mot, mais celui-là, l'Essentiel.

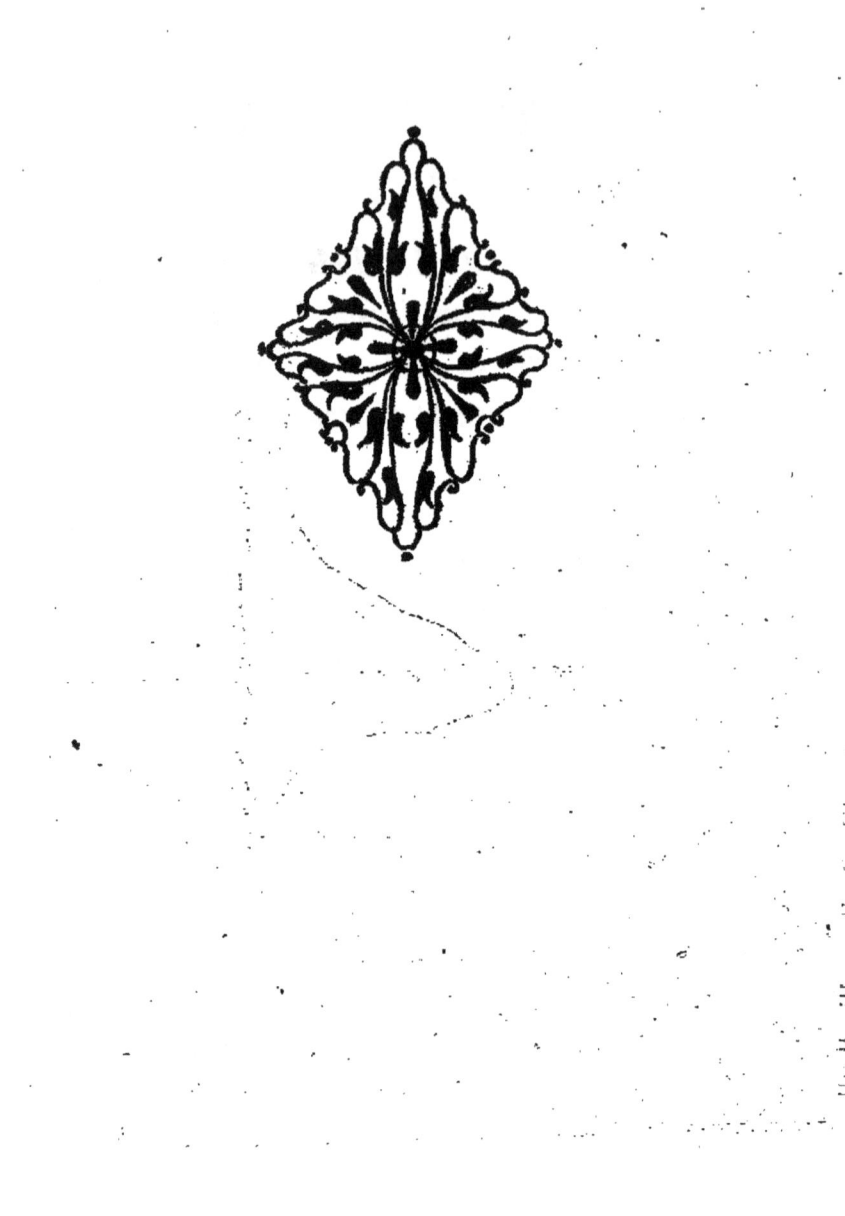

TABLE DES MATIÈRES

TABLE DES MATIÈRES

Portrait de GABRIEL ROSSETTI gravé à l'eau-forte.
Introduction de JOSEPHIN PELADAN I

PREMIÈRE PARTIE
LA JEUNESSE ET SON CYCLE

Pages.

Sonnet liminaire 2
I. Le Trône de l'Amour 4
II. Lit nuptial de l'Amour 6
III. Le Testament de l'Amour 8
IV. Vision de l'Amour 10
V. Espoir du Cœur 12
VI. La Caresse 14
VII. Défaite suprême 16
VIII. Les Amants de l'Amour 18
IX. Passion et Adoration 20
X. Le Portrait 22
XI. Lettre d'Amour 24
XII. La Promenade des Amants 26
XIII. Symphonie de Jeunesse 28
XIV. Le Tribut du Printemps à la jeunesse . . 30
XV. Le Lien du Sang 32
XVI. Un Jour d'Amour 34
XVII. Le Triomphe de la Beauté 36
XVIII. Le Génie de la Beauté 38

		Pages.
XIX.	Silence de Midi.	40
XX.	Doux clair de Lune.	42
XXI.	Amoureuses Délices.	44
XXII.	Le Giron.	46
XXIII.	Les Colifichets de l'Amour.	48
XXIV.	Orgueil de Jeunesse.	50
XXV.	Heures ailées.	52
XXVI.	Extase.	54
XXVII.	Le Domaine du Cœur.	56
XXVIII.	Irradiance de l'Ame.	58
XXIX.	L'Étoile lunaire.	60
XXX.	Le Dernier Rayon.	62
XXXI.	Ses Charmes.	64
XXXII.	Même Foi	66
XXXIII.	Venus Victrix.	68
XXXIV.	Le Prisme sombre	70
XXXV.	Tabernacle de lumière.	72
XXXVI.	La Vie dans l'Amour	74
XXXVII.	Clair de Lune sentimental.	76
XXXVIII.	Le Message de Demain	78
XXXIX.	Rêves d'insomnie.	80
XL.	Amants séparés.	82
XLI.	La Mort initiatrice à l'Amour.	84
XLII.	Espoir ranimé	86
XLIII.	Amour et Espoir.	88
XLIV.	Nuage et Vent.	90
XLV.	Séparation secrète	92
XLVI.	Adieu d'Amour.	94
XLVII.	Musique interrompue	96
XLVIII.	La Mort dans l'Amour.	98
XLIX.	La Saulaie I.	100
L.	— II.	102
LI.	— III.	104
LII.	— IV.	106

	Pages.
LIII. Sans Elle	108
LIV. Fatalité de l'Amour	110
LV. Amour Mort-né	112
LVI. La Vraie Femme : I. Sa personne	114
LVII. — II. Son amour	116
LVIII. — III. Son ciel	118
LIX. Le dernier Don de l'Amour	120

DEUXIÈME PARTIE
LE DESTIN ET SON CYCLE

	Pages.
LX. Vie nouvelle	124
LXI. Lamentation suprême	126
LXII. La Sphère de l'Ame	128
LXIII. Inclusivement	130
LXIV. Souvenir et Passion	132
LXV. Vaine Science	134
LXVI. L'Ame de la Nuit	136
LXVII. La Frontière	138
LXVIII. Un Jour sombre	140
LXIX. Longueur automnale	142
LXX. Le Sommet de la Colline	144
LXXI. L'Élection I	146
LXXII. — II	148
LXXIII. — III	150
LXXIV. Art ancien et moderne : I. Saint Luc, peintre	152
LXXV. — II. Pas comme ceux-ci	154
LXXVI. — III. Le Laboureur	156
LXXVII. Beauté morale	158
LXXVIII. Beauté physique	160
LXXIX. Le Monocorde	162

		Pages.
LXXX.	De l'Aurore à Midi	164
LXXXI.	Le Seuil des souvenirs.	166
LXXXII.	Trésor de joie.	168
LXXXIII.	Printemps stérile.	170
LXXXIV.	Adieux à la Vallée	172
LXXXV.	Vaines vertus.	174
LXXXVI.	Jours perdus.	176
LXXXVII.	Les Menestrels de la Mort	178
LXXXVIII.	La Lampe d'Héro	180
LXXXIX.	Les Arbres du Jardin	182
XC.	« Retro me, Sathana ».	184
XCI.	Deux fois perdu	186
XCII.	La Honte du Soleil I.	188
XCIII.	— II.	190
XCIV.	Le Baiser de Michel-Ange	192
XCV.	La Coupe de Vie.	194
XCVI.	La Vie bien-aimée.	196
XCVII.	Suscription	198
XCVIII.	Lui et Moi	200
XCIX.	Nouvelle naissance de la Mort : I. . . .	202
C.	— II. . . .	204
CI.	Unique Espoir.	206

Achevé d'imprimer

le quatorze juin mil huit cent quatre-vingt-sept

PAR CH. UNSINGER

POUR

ALPHONSE LEMERRE, ÉDITEUR

A PARIS

www.ingramcontent.com/pod-product-compliance
Lightning Source LLC
Chambersburg PA
CBHW050332170426
43200CB00009BA/1564